FACULTÉ DE DROIT DE POITIERS.

DE L'ADOPTION
EN DROIT ROMAIN.

DE L'ADOPTION
ET
DE LA TUTELLE OFFICIEUSE
EN DROIT FRANÇAIS.

THÈSE

PRÉSENTÉE A LA FACULTÉ DE DROIT DE POITIERS
POUR OBTENIR LE GRADE DE DOCTEUR
ET SOUTENUE LE 24 MARS 1870 A DEUX HEURES DU SOIR
DANS LA SALLE DES ACTES PUBLICS DE LA FACULTE

PAR

Théophile **PETIT**.

AVOCAT A LA COUR IMPERIALE

POITIERS
TYPOGRAPHIE DE HENRI OUDIN
RUE DE L'EPERON 4
1870

DE L'ADOPTION
EN DROIT ROMAIN.

DE L'ADOPTION
ET
DE LA TUTELLE OFFICIEUSE
EN DROIT FRANÇAIS.

THÈSE

PRÉSENTÉE A LA FACULTÉ DE DROIT DE POITIERS
POUR OBTENIR LE GRADE DE DOCTEUR
ET SOUTENUE LE 24 MARS 1870 A DEUX HEURES DU SOIR
DANS LA SALLE DES ACTES PUBLICS DE LA FACULTÉ

PAR

Théophile PETIT,

AVOCAT A LA COUR IMPÉRIALE

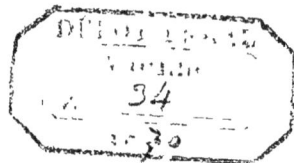

POITIERS
TYPOGRAPHIE DE HENRI OUDIN
RUE DE L'ÉPERON, 4.

1870

COMMISSION :

M. DE LA MÉNARDIÈRE, Président.

Suffragants :
{
M. FEY ✳,
M. Martial PERVINQUIÈRE,
M. BAUDRY-LACANTINERIE,
} Professeurs.

M. THÉZARD,   Agrégé.

A MON PARENT ET AMI

Me P. GAUDIN, AVOCAT

BATONNIER DE L'ORDRE DES AVOCATS A SAINTES,
ANCIEN REPRÉSENTANT

HOMMAGE ET SINCÈRE AFFECTION.

———

A MM. AMOUROUX CHEFS D'INSTITUTION

ET

A MES ANCIENS PROFESSEURS DU COLLÉGE DE SAINTES

SOUVENIR ET RESPECTUEUSE GRATITUDE.

DROIT ROMAIN

DE L'ADOPTION ET DE SES EFFETS

« Quid eâ quæ ex liberis percipitur voluptate
« ad oblectandos hominum animos suaviùs ?
« Aut verò quid in humanæ vitæ negotiis,
« cum aliis, tum quæ in senectute nobis se
« offerunt utiliùs ?... Verùm quoniam eam
« utilitatem per matrimonii commercium
« consequi non omnes valeant, voluit lex,
« et rectè quidem, in eos, qui id donum a
« naturâ non accepissent, suâ benignitate
« beneficium conferre. »

(Imp. Leonis Constit. XXVI.)

INTRODUCTION.

L'origine de l'adoption doit remonter à une haute
antiquité : c'est en effet une institution trop en harmonie avec les sentiments les plus doux que la nature
elle-même a placés dans le cœur de l'homme pour
n'avoir point passé dans les lois comme dans les mœurs
de la plupart des nations. C'est l'adoption, qui, à
défaut de liens que la nature a négligé de former ou

1

a laissé rompre, vient en créer, pour unir dans la réciprocité des plus doux rapports deux êtres jusque-là étrangers l'un à l'autre, en donnant à la bienfaisance toute l'étendue de l'amour paternel, et à la reconnaissance tout le charme de l'amour filial : elle permet aux époux dont l'union a été stérile, ou à ceux qui ont eu le malheur de perdre leurs enfants, de se créer une paternité fictive et d'avoir des continuateurs de leur nom et de leur fortune ; elle permet aux célibataires que de nombreux empêchements ont pu éloigner du mariage, de se procurer un soutien pour leur vieillesse, et de laisser après eux un être qui vénérera leur mémoire et restera la preuve vivante de leurs bienfaits.

Les peuples anciens, assurément, ont dû pratiquer l'adoption ; toutefois, en supposant qu'elle ait été chez eux une institution régulière, il est resté fort peu de traces de son organisation. Il paraît bien certain qu'elle a été connue des Hébreux et des Egyptiens : ainsi dans la Bible on lit que Moïse fut adopté par Thermutis, fille de Pharaon, et dans le livre d'Esther (c. 2, v. 7) nous voyons qu'Esther fut adoptée par Mardochée.

D'après Heinneccius (V. Supplément à ses œuvres, t. 9, p. 152), l'adoption se faisait chez les Juifs par l'attouchement d'un linge ou d'un manteau. Samuel Petit, dans sa traduction des lois de Solon (liv. 2, tit. 4, p. 10, édit. 1685), nous dit qu'à Athènes la loi permettait l'adoption à tout citoyen sans enfants (orbus) qui était maître de son bien ; la loi voulait en outre que l'enfant adoptif fût plein de vie, qu'il ne retournât pas dans sa famille naturelle sans avoir laissé un fils dans sa famille adoptive, qu'il fût légitime et né d'un citoyen et d'une citoyenne : par là s'explique la difficulté qu'eut Périclès, après la perte de ses fils, à faire sanctionner par le peuple l'adoption d'un fils naturel qu'il avait eu de la fameuse Aspasie, courtisane de Milet. Cependant la législation athénienne ne nous est pas parvenue intacte sur ce sujet, et, de toutes les législations anciennes, c'est la législation romaine qui nous offre le traité le plus complet sur l'adoption.

Les Romains avaient fait, en tout, de l'état de famille, la base première de leur état de nation : aussi à Rome l'adoption s'éleva-t-elle au rang des premières et des plus imposantes institutions, et nous la voyons s'opérer au milieu des plus augustes solennités. Cela s'explique par les effets qu'elle produisait : elle ne faisait rien moins en effet qu'opérer, par une imitation difficile à distinguer la nature, le changement d'état le plus absolu : elle transmettait, avec tous les avantages de famille, les dieux pénates et les images des ancêtres, la participation aux sacrifices domestiques, la majesté et la puissance paternelles, enfin tous les droits de filiation et d'hérédité : elle donnait ainsi aux vieilles familles romaines, si soucieuses de leur nom, un moyen de le faire vivre encore, alors qu'elles manquaient de descendants ; elle leur permettait aussi, chose très-importante aux yeux des anciens Romains, de prévenir l'interruption des rites des *sacra privata* ; et, en offrant à ces enfants le spectacle continuel des grands exemples domestiques, elle créait ainsi, dans ces races factices, des hommes dignes de porter un jour le nom de leurs nouveaux parents. L'ambition des honneurs et des charges publiques pouvait y trouver un moyen de se satisfaire : un plébéien, dans les premiers temps de Rome, se faisait adopter par un patricien pour pouvoir briguer le consulat ; à l'inverse un patricien se faisait adopter par un plébéien pour se faire élire tribun du peuple : c'est ce que fit Clodius dont Cicéron (*pro domo* n° 14) disait que l'adoption était nulle parcequ'il s'était fait adopter par un plébéien plus jeune que lui. A une certaine époque l'adoption permit en outre aux citoyens qui n'avaient pas d'enfants, de se créer une postérité fictive, et d'échapper par là aux incapacités prononcées contre eux par les lois caducaires ; mais un sénatus-consulte, porté sous Néron, vint réprimer cet abus (Tacite, *Ann.*, liv. 15, tit. 19). Enfin l'adoption était un moyen pour le père de remettre sous sa puissance le fils qui en était sorti ou que des circonstances tout à fait particulières à l'organisation de la famille romaine avaient fait naître hors de sa puissance.

C'est donc dans la législation romaine que nous allons d'abord étudier l'adoption, en nous aidant des nombreux documents qu'elle renferme sur ce sujet.

On peut définir l'adoption, en prenant ce mot dans son sens le plus général, un acte solennel par lequel un citoyen romain acquiert la puissance paternelle sur une personne, comme si cette personne était née de son mariage ou du mariage de son fils. Telle est du moins l'adoption, depuis l'époque où elle figure parmi les institutions de Rome jusqu'au moment (an de J.-C. 530) où une Constitution de Justinien (Cod. liv. 10, *de adopt.*) l'empêcha d'attribuer à l'adoptant la puissance paternelle sur l'adopté, lorsque celui-ci était *alieni juris* et que l'adoptant était un *extraneus* par rapport à celui qu'il adoptait. Depuis lors, l'effet principal de l'adoption, en pareil cas, fut de conférer à l'adopté des droits à la succession *ab intestat* de l'adoptant : cette Constitution, que nous ne faisons que citer ici, fera plus loin l'objet d'une étude spéciale. Du reste les Romains, comme nous le dit Modestin (Liv. 1, tit. 7, l. 1, § 1. Dig. *De Adopt.*), reconnaissaient deux espèces bien distinctes d'adoption : *Quod adoptionis nomen, est quidem generale; in duas autem species dividitur : quarum altera adoptio similiter dicitur, altera adrogatio. Adoptantur filii-familias, adrogantur qui sui juris sunt* (Modest. *loc. cit.*). Ces deux espèces d'adoption ont certaines règles qui leur sont communes ; mais elles ont aussi entre elles des différences très-grandes : c'est pourquoi il nous paraît plus convenable, pour la clarté de notre dissertation, d'étudier séparément l'une et l'autre. Nous diviserons donc notre travail sur l'étude de l'adoption en droit romain, en deux chapitres : le premier traitera de l'adoption proprement dite, de ses règles et de ses effets; le second sera consacré à l'étude de l'adrogation.

CHAPITRE PREMIER.

SECTION I.

DE L'ADOPTION PROPREMENT DITE ET DE SES FORMES.

Primitivement il n'y avait aucun moyen direct pour faire sortir un enfant de la puissance paternelle, tandis qu'il en existait pour faire sortir l'esclave de la puissance dominicale. La loi des Douze Tables n'indiquait en effet aucun moyen direct ni pour dissoudre, ni pour transférer la puissance d'un père encore vivant ; mais elle lui reconnaissait le droit de vendre les enfants soumis à sa puissance, et la vente devait naturellement épuiser les droits du vendeur. On s'en servit comme d'un moyen indirect de dissoudre la puissance paternelle. La loi des Douze Tables disait : *Si pater filium tervenumduit, filius a patre liber esto.* Voici comment on interprétait cette disposition : si un père avait mancipé son fils à un citoyen et que celui-ci l'eût affranchi *vindicta*, ce fils ne redevenait pas *sui juris*, mais il retombait sous la puissance de son père ; si celui-ci l'avait mancipé de nouveau et que le nouvel acquéreur (le même ou un autre) l'eût encore affranchi, ce fils retombait encore sous la puissance de son père, qui ne voyait son droit s'éteindre que par une troisième mancipation, ainsi que le voulait la loi des Douze Tables. Dans cette situation, l'enfant, par rapport à celui auquel son père l'avait mancipé, se trouvait *in mancipio* (on appelait ainsi le pouvoir qu'un citoyen acquérait, par la vente solennelle appelée mancipation, sur un homme libre : celui-ci, en cet état, était assimilé à un esclave, *mancipati servorum loco constituuntur* ; cependant, chose remarquable, il ne perdait pas sa qualité d'homme libre) : de sorte que, si après cette troisième mancipation, il eût été affranchi de nouveau, il se fût trouvé *sui juris* ; mais ce n'était pas là ce que voulait l'adoptant : il voulait à son tour acquérir la puissance paternelle dont s'était dépouillé le vendeur : pour opérer ce résultat, il remancipait alors l'enfant au vendeur, et ils se rendaient devant le magistrat : là l'adoptant réclamait l'enfant comme sien : *Aio hunc ho-minem filium meum esse ex jure Quiritium et ei vindictam imposui* ; et le père ne contredisant pas la prétention de l'adoptant, le magistrat en concluait qu'elle était bien fondée, et prononçait que l'enfant était son fils : par cette espèce d'*in jure cessio*, l'adopté se trouvait civilement sous la puissance de l'adoptant. Gaïus, dans ses Commentaires, nous indique cete procédure ; il dit aussi (§ 134) que l'adoption pouvait s'opérer d'une autre manière; mais son manuscrit se trouvant illisible en cet endroit, on s'est perdu en conjectures sur ce second mode d'adoption ; du reste la manière que nous connaissons était la plus commode : *sed sanè commodiùs est patri remancipari.*

Nous venons de voir la procédure à suivre pour l'adoption d'un fils de famille ; elle n'était pas la même relativement à l'adoption des filles, petits-fils ou petites-filles. De ce que la loi des Douze Tables ne parlait que du fils, on en avait conclu que pour ces derniers enfants une seule mancipation suffisait pour les faire sortir de la puissance paternelle.

Ces modes fictifs et détournés employés pour arriver à l'adoption furent expressément abrogés par Justinien. Dès lors l'adoption proprement dite eut lieu *imperio magistratûs*; pour former l'adoption, il suffisait de la déclaration faite par le père naturel et l'adoptant devant le magistrat compétent, en présence et sans contradiction de l'adopté (L. II, Cod. *De Adopt.*).

Dans le premier état du droit, où toutes les parties de la procédure devaient être rigoureusement observées, il fallait nécessairement que le père naturel et l'adoptant qui jouaient un rôle important dans la mancipation et la revendication fictive, dont nous venons de parler, pussent manifester clairement leur volonté : cependant si le père naturel n'avait pu parler, bien qu'il pût d'ailleurs manifester son consentement, l'adoption était confirmée comme faite suivant le droit (D. l. 29, *De Adopt.*). Depuis Justinien, le père naturel doit toujours manifester sa volonté, mais on se contente du consentement tacite de l'adoptant. Quant à l'adopté, ce qui est principalement requis, ce n'est pas précisément son consentement, mais l'absence de dissentiment : *etiam infantem in adoptionem dare possumus*, nous dit Modestin (L. 42 *loc. cit.*). Le consentement de l'adoptant, celui du père naturel et l'assentiment tacite ou supposé de l'adopté ne suffisent pas toujours. L'adoptant peut adopter l'enfant *quasi filium* ou encore *quasi nepotem*, et dans ces deux cas la situation de l'adopté dans sa famille adoptive est bien différente : en effet, quand il adopte l'enfant *quasi nepotem*, il peut le faire de deux manières : 1º soit d'une manière générale (*quasi ex incerto natus*), sans exprimer de qui il veut qu'il soit considéré comme étant le fils, et alors l'adopté se trouve être civilement le neveu de tous les fils de l'adoptant, il est dans la même position qu'un petit-fils dont le père serait prédécédé ; 2º soit en le rattachant à l'un de ses enfants (*quasi ex Sempronio natus*). L'adoption créant alors entre l'adopté et le fils (*Sempronius*) de l'adoptant une véritable relation de paternité et de filiation civiles, avec toutes les conséquences qui en résultent d'après l'organisation de la famille romaine, on comprend parfaitement qu'il aurait été injuste que le fils de l'adoptant eût vu celui-ci lui donner des enfants malgré lui : aussi la loi romaine voulait-elle qu'il eût donné son consentement à cette adoption : ce consentement était tellement nécessaire que, s'il n'avait pas été obtenu, celui qui avait été adopté comme petit-fils ne devait pas, à la mort de l'adoptant, retomber sous la puissance du fils de ce dernier (L. 11 D. *De Adopt.*).

Nous venons de voir ceux dont le consentement était nécessaire pour l'adoption ; nous ajouterons, pour compléter cet ordre d'idées, que le *paterfamilias*, étant maître absolu des membres qui composaient sa famille, pouvait donner les uns en adoption sans que les autres fussent consultés à ce sujet : ainsi un aïeul *paterfamilias* donnait-il son petit-fils en adoption, brisant ainsi la relation civile qui existait entre cet enfant et son père, enlevant aux droits du sang tous les droits civils que la loi y avait attachés ; la volonté du père de cet enfant n'était pour rien dans cette modification de la famille, la seule volonté de l'aïeul et le non dissentiment de l'adopté suffisaient (*Inst.*, §§ 5, 6, 7. *De Adopt.*). En entrant dans la famille adoptive, l'adopté devenait l'agnat de tous les agnats de l'adoptant, et pouvait, dans la suite, et dans certaines circonstances, devenir leur héritier *intestat* : les agnats de l'adoptant auraient donc pu, jusqu'à un certain point, devoir être consultés, mais la loi romaine nous dit que leur consentement n'était nullement exigé (L. 7, D. *De Adopt.*). Le législateur romain en a peut-être décidé ainsi, à cause de la facilité avec laquelle l'agnat de l'adoptant peut empêcher l'adopté d'arriver à son hérédité.

Pour adopter, comme on recourait primitivement à

l'*in jure cessio*, la présence de l'adoptant , de l'adopté
et de celui qui donnait en adoption était alors nécessaire ; et comme les *actus legitimi* ne pouvaient se faire
per procuratorem, ou ne pouvait suppléer à l'absence de
l'une des parties. Dans la suite, la nécessité de la présence des parties put avoir perdu de son importance ;
cependant elle n'en resta pas moins maintenue par la
législation de Justinien (L. 24 et 25, D. *De Adopt.* ;
L. 123, *De reg. jur.*).

L'adoption n'admettait ni terme ni condition (L. 34,
D. *De Adopt.*) ; la qualité de fils ne se prêtait guère à
ces modalités ; l'adoption , du reste , que l'on regardait
comme l'image de la nature, ne pouvait les souffrir
davantage. D'un autre côté, pour arriver à l'adoption ,
on devait primitivement recourir à l'*in jure cessio* : or
les *actus legitimi* ne souffraient ni termes , ni conditions (*in totum vitiantur per temporis vel conditionis
adjectionem* : L. 77 D. *De reg. jur.*) ; l'adoption était donc
faite purement et simplement , sauf à être dissoute
plus tard, si l'adoptant le voulait, par les moyens
fournis par la loi elle-même.

Nous avons à nous demander maintenant devant
quels magistrats pouvait s'accomplir l'adoption : dans
les premiers temps du droit romain, le système de
procédure en usage portait le nom de *legis actiones* ; ce
système, qui , dès la fin de la République , avait disparu presque complétement en ce qui concernait la
procédure contentieuse , s'était maintenu plus longtemps relativement aux actes de juridiction gracieuse
ou *actus legitimi*, tels que l'*in jure cessio*. Nous avons vu
déjà que primitivement l'adoption se formait par un

actus legitimus : il fallait donc pour cela qu'on s'adressât à un magistrat qui eût la *plena legis actio*, c'est-à-dire devant lequel on pût intenter les actions de la loi (L. 1, Cod. *De Adopt.*). Ainsi à Rome il fallait s'adresser aux consuls ou aux préteurs ; en province (comme cette adoption pouvait s'y faire aussi), au président, proconsul ou président proprement dit, suivant qu'il s'agissait d'une province du Sénat ou de César. Il faut observer qu'on ne pouvait adopter devant le président proprement dit, que lorsqu'il se trouvait dans la province où l'empereur l'avait envoyé, tandis qu'on pouvait adopter devant le proconsul, alors même qu'il ne se trouvait pas dans la province qu'il était chargé d'administrer : il conservait sa juridiction volontaire tant qu'il n'était pas rentré à Rome (L. 36, § 1, Dig. *De Adopt.* — L. 3, D. *De off. præsid.* — L. 16, D. *De off. proconsul.*). En principe les magistrats municipaux n'avaient pas la *legis actio* : on n'aurait donc pas pu adopter devant eux ; cependant si par quelque privilége exceptionnel elle leur avait été accordée, ils devenaient alors compétents pour l'adoption : c'est ce que nous dit Paul dans ses Sentences (liv. 2, tit. 25, § 4). Toutes ces règles se retrouvent intactes dans la législation de Justinien.

Ajoutons que si un consul ou un président de province était fils de famille. il pouvait être émancipé ou donné en adoption *apud semetipsum* (L. 3, D. *De Adopt.*) ; que le magistrat qui avait la *plena legis actio* pouvait *apud se* donner ses enfants en adoption (L. 4, D. *loc. cit.*) ; que le président pouvait adopter *apud se* (L. 2, D. *De off. præsid.*). Ainsi donc le magistrat compétent pouvait pardevant lui-même adopter, donner en adoption ou être adopté. Ce que nous venons de dire semblerait tout d'abord en contradiction avec ce que nous lisons dans la loi 13 *in fine ad Senatusc. Trebell.*, et dans la loi 9 *princip.* (*De Pactis Dig.*). La première dit en effet que le préteur *triplici officio fungi non potest,* et la seconde : *difficile est ut unus homo duorum vicem sustineat.* Dans chacune des trois hypothèses que nous avons énoncées plus haut, le magistrat ne joue-t-il pas d'abord un rôle comme magistrat, et ensuite n'est-il pas l'une des personnes qui doivent participer à l'adoption ? Or comment concilier cela avec la prohibition écrite dans les deux derniers textes cités ? Il n'y a qu'à se rappeler ce que nous avons déjà dit : l'adoption étant un acte de juridiction gracieuse, de plus la loi romaine étant favorable à l'adoption, on comprend qu'elle ait permis au magistrat de remplir plusieurs rôles dans l'adoption, alors surtout que la difficulté de se transporter devant un magistrat compétent aurait pu quelquefois retarder ou empêcher l'adoption ; dans les deux dernières lois citées, au contraire, il s'agit pour le magistrat de s'acquitter d'actes de juridiction contentieuse ; ici il s'agit pour lui d'éviter une perte et de faire un gain (*certat de damno vitando et de lucro captando*), et c'est lui qui se trouve être à la fois juge et partie dans sa propre cause : on comprend facilement que le législateur romain, dont la sagesse ne saurait être mise en doute, a voulu éviter un pareil résultat, et c'est pourquoi il a porté ces lois : l'antinomie qui semblerait exister entre ces textes n'est donc qu'apparente.

Si la loi romaine facilitait l'adoption, cependant elle tenait beaucoup à ce qu'elle fût accomplie selon les for-

mes solennelles édictées par elle ; rien n'aurait pu y
suppléer, et l'acte spécial, même rédigé par un tabellion,
aurait été sans valeur juridique (L. 4, Cod. *De Adopt.*).
Toutefois une adoption qui n'aurait pas été faite suivant les formes du droit aurait pu être confirmée par le
prince (L. 38 D. *De Adopt.*). Mais cela n'avait lieu que
cognitâ causâ et après que les juges avaient entendu les
dires des parties qui avaient intérêt à ce que l'adoption
ne fût pas validée (L. 39 D. *De Adopt.*).

SECTION II.

DES CONDITIONS DE L'ADOPTION.

Nous venons de voir quelles sont les personnes qui
concourent à l'adoption ; nous allons examiner maintenant quelles conditions elles doivent remplir pour que
l'adoption puisse avoir lieu.

Quant à l'adoptant, il doit avant tout être citoyen
romain : l'adoption lui confère en effet la puissance
paternelle qu'un citoyen romain seul peut posséder ; il
importe peu qu'il soit ingénu ou affranchi, pourvu qu'il
soit *sui juris*, car s'il était *alieni juris*, il ne pourrait pas
acquérir la puissance paternelle ; et en supposant qu'il
pût l'acquérir, ce serait alors pour celui sous la puissance duquel il se trouve ; mais ce serait admettre qu'il
peut, sans la participation de son *paterfamilias*, et peut-
être malgré lui, faire entrer un membre dans la famille
de celui-ci : résultat qui évidemment est inadmissible
et contraire au but de l'adoption. Bien que l'adoption
imitât la nature, comme le dit Justinien dans ses Institutes, un célibataire pouvait cependant adopter (L. 30

D. *De Adopt.*) ; on admettait même que le *spado* pût
adopter ; les castrats ne le pouvaient pas d'abord, une
Novelle de l'empereur Léon le leur permit (Nov. 26).
L'adoptant devait être plus âgé que l'adopté ; nous avons
déjà dit, dans notre introduction, que Cicéron avait com-
battu l'adoption de Clodius parce qu'il s'était fait adopter par un plébéien moins âgé que lui : du temps de
Gaïus ce point était encore l'objet d'une vive contro-
verse (Gaïus, § 106); mais, dans le droit de Justinien, il
n'y a plus de doute à ce sujet : nous trouvons en effet
dans les Instilutes un texte qui semble emprunté à
Modestin (L. 10, § 1, D. *De Adopt.*) dans lequel il est dit
qu'il n'est pas convenable qu'un citoyen puisse adopter
quelqu'un de plus âgé que lui ; que, l'adoption imitant
la nature, il serait monstrueux de voir le fils plus âgé
que le père, etc... Aussi celui qui adoptait devait avoir
de plus que l'adopté une puberté pleine , c'est-à-dire
quinze ou dix-huit ans, selon que l'adopté était un fils
ou une fille. Si l'adopté entrait dans la famille adoptive
comme petit-fils, nous pensons que l'adoptant devait
avoir de plus que lui deux fois la puberté pleine ; l'adoption imitant la nature , il fallait donc qu'il pût être
son aïeul naturellement (Ortolan , 2 , n° 142), car
l'adopté qui rentrait dans une famille comme petit-fils
était censé y remplacer le fils que l'adoptant pouvait
avoir perdu. Il faut remarquer, comme nous le dit Paul
(L. 37, § 1, D. *De Adopt.*), que si l'adoptant a émancipé
ou donné en adoption son fils adoptif, il ne peut plus
l'adopter une seconde fois. Il semblerait tout d'abord
que ce texte est en contradiction avec un autre d'Ulpien
(L. 12 *eod. tit.*) dans lequel il nous dit que celui qui a

été affranchi de la puissance paternelle ne peut ensuite convenablement y retourner si ce n'est par adoption : comment en effet concilier ces deux textes dont l'un dit que l'on ne peut plus adopter le fils émancipé ou donné en adoption, et l'autre qui dit au contraire que le père peut recouvrer la puissance paternelle par l'adoption ? La difficulté n'est qu'apparente : il suffit en effet de remarquer que dans ces deux textes le cas n'est pas le même : la loi 37, § 1, parle du père adoptif, tandis que la loi 12 parle du père naturel.

La puissance paternelle ne pouvant appartenir qu'à un homme, on en avait conclu d'abord qu'un eunuque ne pouvait ni adopter, ni adroger (Inst. 9 *De Adopt.*). On en avait conclu aussi qu'un enfant ne pouvait ni être adrogé ni adopté par une femme parce qu'elle n'avait pas sous sa puissance les enfants issus de son mariage (Gaïus, *Comment.* 1, § 104). Mais cette dernière règle reçut des modifications : dès l'an 291 un rescrit des empereurs Dioclétien et Maximien (L. 5 Cod. *De Adopt.*) permit l'adoption à une mère qui avait perdu ses enfants (*in solatium filiorum amissorum*) ; mais ce n'était là qu'une adoption *suî generis*, ne pouvant avoir lieu pour la femme que par la permission de l'empereur. Justinien lui aussi (Inst. , § 10 , *De Adopt.*) n'admit l'adoption de la part d'une femme qu'autant qu'elle avait perdu les enfants sortis de son sein. Enfin une Constitution de l'empereur Léon (Nov. 27) vint supprimer cette restriction et permettre l'adoption non-seulement aux femmes en général, mais encore aux eunuques.

Si nous nous demandons maintenant à quelles conditions on pouvait donner une personne en adoption, nous pourrons répondre avec raison qu'il suffisait qu'on l'eût sous sa puissance paternelle : il n'y avait pas lieu en effet de distinguer si celui qu'un père de famille voulait donner en adoption était son fils, petit-fils ou arrière-petit-fils : d'après l'organisation de la famille romaine, le paterfamilias avait sous sa puissance tous ceux qui composaient sa famille : il pouvait donc donner en adoption son petit-fils, et il importait peu que le père de celui-ci consentît ou non à l'adoption.

Quant à la question de savoir quelles personnes pouvaient être données en adoption, nous pouvons répondre que toute personne *alieni juris*, de l'un et de l'autre sexe, pubère ou impubère même *infans*, pouvait être donnée en adoption (L. 42 D. *De Adopt.*) Un esclave pouvait-il être adopté ? Dans l'ancien droit, il paraît effectivement qu'on pouvait adopter *per prætorem* l'esclave d'autrui. Aulu-Gelle dit à ce sujet : *Alioquin, si juris ista antiquitas servetur, etiam servus a domino per prætorem dari in adoptionem potest. Idque ait (Massurius Sabinus) plerosque juris veteris auctores posse fieri scripsisse.* Mais un citoyen aurait-il pu adopter son propre esclave ? Les auteurs sont divisés à ce sujet, et Puchta, de son côté, entend ces mots des Institutes *De Adopt.* : *a domino adoptati*, comme s'il y avait *a domino in adoptionem dati.* On serait presque tenté de croire que cela était possible, en présence du texte que nous venons de citer ; cependant on ne peut faire à ce sujet que de simples conjectures. Du reste si cette adoption était permise , comment pouvait-elle s'opérer ? Il serait difficile de le dire, à moins qu'on ne suppose, comme le fait remarquer M. Demangeat, t. I, p. 306, que ce fût par une décision du peuple. Les textes nous font complétement défaut pour résoudre cette question, et Justinien lui-même ne l'a pas tranchée.

Pour terminer cette section, nous nous demanderons si un père peut adopter son enfant naturel (*natus ex concubinatu*). Nous avons déjà employé l'expression d'enfant naturel, et nous l'emploierons encore, mais elle désigne l'enfant légitime issu *ex justis nuptiis* par opposition aux enfants adoptifs : ici, par exception, fils *naturel* désigne l'enfant *natus ex concubinatu*. L'enfant naturel, il est vrai, naît *sui juris*, et son adoption constitue une adrogation : dès lors nous devrions peut-être réserver cette question pour la seconde partie de notre dissertation; mais il peut se faire aussi qu'un enfant naturel, adrogé par un autre que son père, lui soit ensuite donné en adoption : cette adoption sera-t-elle permise? Pendant presque toute la durée de la législation anté-justinienne, cette adoption put avoir lieu, elle était même rangée au nombre des modes de légitimation des enfants naturels. Dans la loi 46 Dig. *De Adopt.*, Ulpien donne même cette décision pour le cas où le fils serait né en servitude. Anastase, dans une Constitution qui forme la loi 6, Cod. *De natural. liber.*, permit expressément l'adoption des enfants naturels, mais Justin (L. 7 Cod. *eod. tit.*), tout en maintenant la validité de ces sortes d'adrogation et d'adoption antérieures, les défendit à l'avenir, il dit en effet : *In postremum vero sciant omnes legitimis matrimoniis legitimam posteritatem quærendam, ac si prædicta constitutio lata non esset.* Enfin Justinien, dans les Novelles 74, cap. 3, et

Nov. 89, cap. 7 et 11, § 2, maintint la prohibition portée par son oncle : *Incompetens est , quæ benè exclusa sunt , rursus ad rempublicam revocare.*

EFFETS PRODUITS PAR L'ADOPTION A L'ÉGARD DES ENFANTS ADOPTIFS.

L'adoption proprement dite fait sortir l'enfant de sa famille naturelle (nous nous reportons surtout au droit des Pandectes et nous laissons provisoirement de côté la Constitution de Justinien déjà citée) pour le faire entrer dans sa famille adoptive : d'un côté elle enlève un membre à une famille , brisant ainsi le lien d'agnation qui l'unissait aux autres membres de cette famille , et fait disparaître les droits et les devoirs civils que sa présence y avait fait naître; d'un autre côté elle fait entrer un nouveau membre dans une famille et crée un lien d'agnation entre lui et les membres de cette famille, et tous les droits et devoirs que sa présence y nécessite. L'état de deux familles se trouve ainsi modifié à la fois : puisque c'est l'enfant qui par son adoption provoque ces modifications, nous allons examiner successivement quel est son état dans sa nouvelle famille et le changement que l'adoption apporte à sa position dans sa famille naturelle.

Nous l'avons déjà dit, le *paterfamilias*, d'après l'organisation de la famille romaine, avait sous sa puissance tous les membres qui la composaient, et le lien civil qui les unissait entre eux était l'agnation : aussi l'adoption, en faisant entrer l'adopté dans la famille de l'adoptant , créait non-seulement ce lien entre l'adopté et l'adoptant, mais encore entre l'adopté et tous les membres de sa famille adoptive qui devenaient ses agnats ; en un mot l'adopté obtenait dans sa nouvelle famille la même position que s'il y fût né (*ac si natus esset*). Tous les membres de la *familia* portaient le même nom ; l'adopté en entrant dans sa famille adoptive devait donc logiquement en prendre le nom : c'est ce qu'il faisait, et de plus il ajoutait la terminaison *ianus* à celui de son père naturel : ainsi Octave, adopté par César, se nommait *Cæsar Octavianus*.

Nous venons de dire que l'adopté avait dans sa famille adoptive la même place que s'il y fût né : ainsi avait-il été adopté comme fils, il était civilement le frère de tous les autres fils de l'adoptant, l'oncle de tous les petits-fils de l'adoptant par les mâles, mais pas par les femmes ; ses petits-fils par celles-ci n'étaient que les cognats de l'adoptant : or l'adoption ne rattachait nullement l'adopté à ceux qui ne tenaient à l'adoptant que par le lien de cognation. Si l'adopté était entré comme petit-fils dans la famille adoptive et *quasi ex incerto natus*, alors tous les fils de l'adoptant étaient civilement pour lui des oncles, et tout se passait comme si son père eût été prédécédé ; si au contraire il y était entré *quasi ex filio natus*, alors il était regardé comme fils du fils de l'adoptant, et tout se passait comme s'il avait eu réellement cette qualité.

Le lien d'agnation, créé par l'adoption entre l'adopté et les membres de sa famille adoptive, produisait, entre l'adopté et ses nouveaux agnats, un empêchement au mariage en ligne directe à l'infini. La parenté civile qui résultait de l'adoption suffisait pour empêcher le mariage, même après qu'elle avait été dissoute : ainsi un citoyen n'aurait pu épouser la femme qu'il avait adoptée comme fille ou petite-fille quand même il l'aurait fait sortir de sa puissance par l'émancipation.

La parenté civile résultant de l'adoption produisait, tant qu'elle subsistait, les mêmes empêchements au mariage que la parenté naturelle dans la ligne collatérale : ainsi, elle créait un empêchement au mariage lorsque les collatéraux ou l'un d'eux étaient au premier degré de l'auteur commun, car celui qui touchait immédiatement à l'auteur commun représentait celui-ci pour tous ceux qui en descendaient, et ne pouvait épouser aucun d'eux, *quia loco parentis habebatur*.

Si quelqu'un, après le mariage de sa fille, voulait adopter son gendre, il devait commencer par émanciper sa fille (Inst., § 2, *De Nupt.*). Bien que la femme de l'adoptant ne fût pas généralement l'agnate de l'adopté, il ne pouvait pas cependant y avoir *connubium* entre eux si le mariage de cette femme venait à se dissoudre. La même prohibition existait entre la mère de l'adoptant et l'adopté (L. 55, § 1, D. *De rit. Nupt.*) ; réciproquement l'adoptant ne pouvait épouser la veuve de son fils adoptif (L. 14, *hoc tit.*).

L'adoption, avons-nous dit, plaçait l'adopté sous la puissance paternelle de l'adoptant : par suite l'adopté devenait *suî juris* à la mort de l'adoptant, quand il avait été adopté comme fils ou *quasi ex incerto natus* ; adopté au contraire *quasi ex filio natus*, l'adoptant n'ayant alors sur l'adopté qu'une puissance médiate, celui-ci passait; à la mort de l'adoptant, sous la puissance de ce fils, qui, ayant consenti à l'adoption, était regardé

comme son père. Bien que l'adopté devînt *sui juris* par
la mort de l'adoptant, et dans certains cas par la mort
de l'adoptant et de son fils, et que la puissance paternelle, l'un des principaux effets de l'adoption, se trouvât dissoute, l'adopté n'en restait pas moins dans sa
famille adoptive, tout aussi bien qu'un fils reste dans la
famille de son père, alors que la mort de celui-ci le rend
sui juris. Quelquefois la puissance paternelle de l'adoptant ne se bornait pas à l'adopté : en effet, soit que
celui-ci fût marié avant ou après son adoption, tous ses
enfants légitimes conçus postérieurement à son adoption faisaient partie de la famille adoptive et se trouvaient sous la puissance de l'adoptant à la mort duquel
ils retombaient sous la puissance de l'adopté leur père,
à la famille naturelle duquel, d'après le droit civil, ils
restaient complétement étrangers.

L'adoption conférant à l'adoptant la puissance paternelle sur ses enfants adoptifs, puissance semblable à
celle qu'il aurait eue sur les enfants nés de son légitime
mariage, elle devait donc produire les même effets ;
d'où ces conséquences : en premier lieu, si l'adopté
voulait se marier après l'adoption, il devait réclamer
le consentement de l'adoptant (ses enfants en effet
étaient appelés à entrer dans la famille de l'adoptant,
et nul ne peut entrer dans la famille d'une personne
malgré elle) ; ou s'il était entré dans la famille adoptive
quasi ex filio natus, outre le consentement de l'adoptant
à son mariage, il lui fallait encore celui de son fils,
puisqu'il pouvait tomber sous sa puissance avec ses
enfants à la mort de l'adoptant ; en second lieu, toutes
les règles relatives à l'acquisition des pères de famille

par les personnes soumises à leur puissance paternelle s'appliquaient aussi bien aux fils adoptifs qu'aux fils naturels : primitivement le père de famille possédait tout ce que les personnes soumises à sa puissance acquéraient ; ce principe fut modifié ensuite par l'introduction du pécule *castrans* et plus tard du pécule *quasi-castrans* et reçut une nouvelle restriction sous le Bas-Empire, par la distinction du pécule adventice, et les effets que ces modifications produisirent furent les mêmes aussi bien pour la puissance paternelle sur les enfants adoptifs que pour celle sur les enfants nés *ex justis nuptiis*. Ainsi l'adopté se trouvait-il posséder, avant l'adoption, un pécule *castrans* et un pécule *quasi-castrans*, ou bien l'un d'eux seulement : il conservait ces pécules comme s'il fût resté dans sa famille naturelle, et l'adoptant acquérait dessus les droits éventuels qu'avait auparavant le père naturel. Cependant il faut remarquer qu'à partir du moment où les Constitutions impériales permirent aux fils de famille de disposer par testament de l'un de ces pécules, le testament que l'adopté avait fait avant son adoption devenait *irritum* par suite de la *capitis deminutio* qu'éprouvait le testateur ; toutefois si l'adopté était un militaire, son testament, quoique fait antérieurement à l'adoption, pouvait valoir par une faveur spéciale : *testamentum ejus valet quasi ex novâ voluntate* (L. 22 D. *De testam. milit.*).

Quant au pécule adventice, l'usufruit en passait au père adoptif avec les autres droits qu'avait dessus le père naturel. Mais les droits que le père adoptif avait sur ce pécule étaient-ils absolument les mêmes que ceux du père naturel ? Ainsi quand le pécule adventice était *irrégulier* vis-à-vis du père naturel parce qu'il n'avait pas voulu faire adition de l'hérédité, déférée à son fils, et que par suite celui-ci avait eu en pleine propriété cette partie du pécule adventice (L. 8, pr. C. *De bonis quæ in liber.*), le père adoptif était-il privé, lui aussi de l'usufruit de cette partie, ou bien l'adoption avait-elle pour effet de le lui attribuer? Nous n'avons aucun texte pour résoudre cette question : aussi les uns soutiennent-ils l'affirmative et d'autres la négative ; pour nous, il nous semble que le père adoptif, succédant à la puissance paternelle du père naturel, doit aussi, avoir sur l'adopté et sur ses biens les mêmes droits que le père naturel, mais non des droits plus étendus (ceci est tout à fait conforme aux principes sur l'adoption), et que le père naturel n'ayant pas, lors de l'adoption, l'usufruit d'une partie du pécule adventice, l'adoptant aussi doit être privé de l'usufruit de cette partie. En vain dira-t-on que ce n'est que par exception, et par suite d'un fait personnel au père naturel, son refus de faire adition d'hérédité, que celui-ci est privé de cet usufruit . et, que ce fait, étant complétement étranger à l'adoptant, ne doit pas influer sur ses droits : à cela nous répondrons que raisonner ainsi c'est méconnaître l'esprit de la loi romaine : en effet, elle veut que l'adoption soit favorable à l'adopté (toutes ses dispositions nous le montrent) ; en second lieu, elle refuse au père naturel (L. 8, C. *eod. tit.*) toute action contre son fils pour se faire attribuer cet usufruit (décision conforme au principe : *ubi successionis onus, ibi emolumentum esse debet*) : or sur quoi s'appuyer pour donner a l'adoptant cet avantage? Comment justifier une telle décision? On ne peut pas dire que le père naturel a commis une faute, et que lui seul doit en souffrir : *culpa suos tantum teneat auctores*. Non, il n'y a pas eu de faute de sa part, il n'a pas voulu s'exposer aux risques que lui aurait fait courir l'adition d'hérédité, et c'est pourquoi la loi lui en refuse les avantages; l'adoptant se trouvant dans la même situation, nous devons donc lui appliquer la même règle.

Pour compléter l'indication des effets de l'adoption relativement aux pécules de l'adopté, nous dirons en outre que si l'adopté possédait un pécule profectice lors de l'adoption, ce pécule devait revenir au père naturel, puisqu'il était composé de biens dont celui-ci avait laissé précairement l'administration à son fils.

L'organisation de la famille romaine dans son principe n'admettait pas qu'une obligation civile pût naître entre un père de famille et une personne qui lui était soumise (L. 16 *in fine, De furtis*), car il y avait en quelque sorte confusion de personnes juridiques; de plus, le respect que l'enfant devait à ses parents était un obstacle à ce qu'il pût les appeler devant le magistrat (L. 6, D. *De in jur. voc.*) : de là l'impossibilité pour l'adopté d'appeler *in jus* son père adoptif : cette défense avait lieu *jure magis potestatis quàm præcepto prætoris*. Il faut remarquer aussi que l'entrée de l'adopté dans la famille de l'adoptant ne levait pas la défense qui lui était faite d'appeler *in jus* son père naturel (L. 8, *hoc tit.*). Cependant pour le pécule castrans qu'avait le fils de famille, comme il était réputé, à cet égard, père de famille, cette impossibilité juridique cessait alors ; toutefois, par respect pour son père adoptif, l'adopté ne pouvait l'appeler *in jus* qu'avec la permission du magistrat, qui ne la donnait que *causâ cognitâ* (L. 8, *hoc. tit.*). Quant aux ascendants de son père adoptif, l'adopté pouvait les appeler *in jus* sans l'autorisation du magistrat (L. 7, *hoc tit.*) : ces ascendants ne lui étaient en effet attachés par aucun lien, puisqu'ils ne pouvaient être que les cognats de l'adoptant, celui-ci n'ayant pu adopter alors qu'il était encore dans leur famille ou sous leur puissance.

L'adopté, nous venons de le voir, pouvait posséder quelques biens en entrant dans sa famille adoptive, et nous avons examiné les effets de l'adoption relativement à ses différents pécules ; mais, outre ses biens présents, l'adopté pouvait espérer en acquérir encore d'autres dans la succession de son père adoptif, et la loi avait dû régler ses droits dans cette succession : nous avons donc maintenant à étudier les dispositions de la loi romaine à ce sujet.

Nous devons tout d'abord rappeler le principe que nous avons posé déjà, à savoir que l'adopté avait dans sa famille adoptive le même rang que s'il y fût né (*ac si natus esset*). En principe tout devra donc, d'après le droit civil, se passer en matière de succession, comme si l'adopté était réellement le fils ou le petit-fils de l'adoptant, de là ces conséquences : l'adopté se trouve-t-il dans la famille adoptive en qualité de fils, ou bien de petit-fils sans père désigné, ou même de petit-fils avec père désigné parmi les fils de l'adoptant, pourvu qu'alors ce fils soit sorti de la famille ou soit mort avant l'ouverture de la succession *ab intestat* de l'*adoptant*, il sera, dans ces diverses hypothèses, héritier sien de celui-ci, et le droit prétorien viendra même en sa faveur corroborer le droit civil et l'admettre à la possession de biens *undè liberi*. Si l'adopté est entré dans la famille adoptive comme petit-fils de l'adoptant, mais ayant pour père tel des fils de celui-ci, et si ce fils se trouve encore vivant et dans la famille adoptive lors de l'ouverture de la succession *ab intestat* de l'adoptant, il n'aura aucun droit à la succession de celui-ci, attendu qu'il n'était pas sous sa puissance immédiate puisqu'il se trouve précédé dans la famille par le fils de l'adoptant qui lui tient lieu de père ; mais aussi, lors de la mort de ce fils de l'adoptant, il sera son héritier sien d'après le droit civil, et de plus protégé aussi par le droit prétorien qui l'admettra à la possession *unde liberi*.

Quant aux droits que peuvent avoir sur la succession de l'adoptant les fils de l'adopté, il est aussi très-facile de les déterminer. Si l'adopté existait et se trouvait encore dans la famille adoptive lors du décès de l'adoptant, ses enfants conçus postérieurement à l'adoption, retombant sous la puissance de leur père naturel, n'avaient aucun droit à cette succession, mais à la mort de l'adopté, leur père, ils venaient à sa succession *ab intestat*. Si au contraire l'adopté était mort ou sorti de sa famille adoptive avant l'ouverture de la succession *ab intestat* de l'adoptant, alors les enfants de l'adopté étaient héritiers siens de l'adoptant et venaient à sa succession comme si leur père avait été véritablement le fils de l'adoptant. De même si, l'adopté étant entré dans sa nouvelle famille *quasi ex filio natus*, ce père par adoption était mort ou sorti de la famille adoptive lors de l'ouverture de la succession *ab intestat* de l'adoptant et qu'à la même époque l'adopté, lui aussi, fût mort ou sorti de la famille adoptive, les enfants de ce dernier étaient les héritiers siens de l'adoptant, tout à fait comme si leur père avait été réellement le petit-fils de l'adoptant par tel de ses fils.

Nous venons d'établir que d'après le droit civil tout devait se passer par rapport à la succession de l'adoptant comme si l'adopté avait été son fils ou son petit-fils ; ce principe cependant souffrait une grande exception lorsque l'adoptant se trouvait être un affranchi (Inst., *de succes. libert.*). Les affranchis, nous le savons, étaient de trois classes : citoyens romains, latins juniens ou déditices. Ici nous n'avons à nous occuper que de la succession de ceux qui étaient citoyens romains : or, pour bien se rendre compte de l'exception que nous venons de signaler, il faut remarquer que, relativement à la succession de cette première classe d'affranchis, trois systèmes distincts de législation ont été successivement adoptés. Sous le premier système, qui fut celui de la loi des Douze Tables, la succession *ab intestat* de l'affranchi appartenait en première ligne à ses héritiers siens, en seconde à son patron, et en troisième aux enfants de son patron : d'où il suivait que lorsqu'il laissait un héritier, même seulement un fils adoptif, le patron se trouvait sans droit sur la succession de son affranchi. Ce système pouvait paraître injuste en ce que si l'affranchi venait à mourir *ab intestat*, ne laissant aucun descendant réellement issu de lui, mais seulement un enfant adoptif ou une femme *in manu* et par conséquent *loco filiæ*, le patron se trouvait complétement exclu.

Aussi dans la suite le préteur trouvant inique que l'affranchi pût, en adoptant, enlever sa succession à son patron, décida par l'édit que lorsqu'un affranchi ne se serait créé des héritiers siens que par l'adoption, il admettrait le patron à la possession de biens *unde legitimi* pour moitié (Gaïus, III, § 41. Comp. Inst. § 1 *De success. libert.*). Ulpien, dans la loi 1 D. *De bon. libert.* (38, 2), nous donne un renseignement curieux sur l'origine de cette *bonorum possessio dimidiæ partis* accordée au patron. Cette partie de l'édit s'appliquait aux fils du patron et à ses petits-fils ou arrière-petits-fils par les mâles ; mais, bien que ses filles et ses petites-filles par les mâles eussent, d'après la loi des Douze Tables, les mêmes droits que les mâles, cependant le préteur n'avait pas étendu jusqu'à elles les faveurs de son édit, ni pour les patronnes (*Fragmen. Ulp.* xxix §§ 4 et 5). Tel était l'état de la législation sur ce point, lorsque survint un troisième système, celui de la loi Papia. Cette loi, nous apprend Gaïus (*Comm.* III, §§ 46, 49, 50), étendit les dispositions de l'édit en faveur des filles ou petites-filles agnates du patron qui auraient trois enfants. De plus, elle donna à peu près (*ferè*) les droits que l'édit avait conférés au patron, à la patronne ingénue qui aurait deux enfants et à celle affranchie qui en aurait trois.

De son côté Justinien a, dans une Constitution reproduite d'une manière informe aux Institutes (§ 8, *De success. libert.*) et dont le texte a été restitué tant bien que mal, notamment avec les Basiliques (L. 4, C. *De bonis libert.* 6, 4), réglé les droits des personnes appelées à la succession d'un affranchi, mais il n'a point prévu l'hypothèse qui nous occupe. D'après Justinien, si l'affranchi est mort *intestat*, sa succession est déférée à ses enfants ou descendants , en tenant compte même de la *cognatio servilis* (Inst. § 10 , *De grad. cogn.*), et, à défaut de postérité, les Institutes disent positivement que sa succession passe au patron ou à la patronne (§ 3, *De success. libert.*) ; mais, d'après le § 8 *in fine* de la Constitution restituée (L. 4, C. *De bonis libert.*), il paraîtrait que, plus tard, les père et mère de l'affranchi ou même ses frères ou sœurs, ont été appelés préférablement au patron ou à la patronne. Si au contraire l'affranchi est mort *testat*, il faut faire une distinction selon que sa fortune est inférieure ou supérieure à cent *aurei* (ce qui représente les 100,000 sesterces de la loi Papia) : dans le premier cas, il a pu omettre son patron ; dans le second cas au contraire , s'il n'a aucun descendant et qu'il ait omis son patron , le préteur veut que celui-ci ait au moins le tiers de la succession. De tout cela que devons-nous conclure ? Devons-nous dire que cette Constitution maintient les dispositions du droit prétorien étendues par la loi Papia ? Devons-nous dire au contraire que cette Constitution ayant établi un nouvel ordre complet de succession d'affranchis, qui peut se suffire à lui-même, on ne doit pas se référer sur ce point à la législation antérieure ? Ne pourrait-on pas dire en effet que ceci paraît d'autant plus vraisemblable, que les Institutes se taisent complétement sur les modifications que la loi Papia fit subir sur ce point au droit prétorien ? Enfin, partant du principe d'analogie entre la possession *contra tabulas*, que le droit prétorien accordait au patron sur la moitié de la succession de l'affranchi mort sans enfant naturel et laissant un testament valable, et la possession *unde legitimi* qui lui était accordée quand l'affranchi mort *intestat* ne laissait que des enfants adoptifs, ne pourrait-on pas soutenir aussi que la Constitution de Justinien accorde encore au patron cette possession, mais seulement pour le tiers de la succession et quand celle-ci s'élève à plus de cent sous d'or? En effet, nous l'avons vu plus haut, en cas de testament de l'affranchi mort sans enfant, la Constitution n'accorde plus au patron la possession *contra tabulàs* que pour un tiers et seulement dans le cas où le défunt a laissé plus de cent sous d'or.

Nous venons d'examiner les droits de l'adopté sur la succession de l'adoptant. Nous allons voir maintenant quels étaient les effets de l'adoption relativement au testament de l'adoptant, et nous déterminerons ainsi comment se trouvaient sauvegardés les droits successifs que pouvait avoir l'adopté sur les biens de son père adoptif.

Relativement au testament de l'adoptant, deux cas pouvaient se présenter : ou l'adoptant avait testé avant l'adoption, ou il avait testé après : si l'adoptant avait testé avant l'adoption, l'adopté entrant dans la famille comme fils ou comme petit-fils quasi *ex incerto natus*, le testament se trouvait rompu *quasi agnatione hœredis sui* (Inst. § 1 *Quib. mod. test. infirm.*) ; que si l'adopté était entré dans sa nouvelle famille comme petit-fils de l'adoptant, mais avec tel de ses fils pour père, le testament de l'adoptant ne se trouvait pas rompu, puisque par là il ne lui était survenu personne sous sa puissance immédiate. Mais la rupture du testament pouvait avoir lieu postérieurement, si, par suite de l'adoption, de l'émancipation, ou de la mort du prétendu père de l'adopté, celui-ci se trouvait tomber sous la puissance immédiate du testateur.

Le testateur aurait-il pu, en testant, prévenir la rupture de son testament pour cette cause ? Gaïus (*Comment.* II. 138) semblait nous dire que non, puisque le testament, selon lui, se trouvait alors rompu *omni modo* : il aurait donc peu importé que le testament eût contenu l'institution ou l'exhérédation de ces héritiers siens survenus postérieurement par adoption. Mais Papinien (D. l. 23, § 1, *De lib. et posthum.*) et Scœvola (D. L. 18 *De injust. testam.*) admettaient que la rupture du testament n'avait lieu dans aucune de ces hypothèses quand le nouvel héritier sien survenu dans la famille avait été institué d'avance. Cette dernière opinion explique pourquoi dans le § 1 *in fine* des Institutes (*quib. mod. testam. infirm.*) copié dans Gaïus (*loc. cit.*), on a retranché *omni modo*, comme posant la règle de rupture du testament d'une manière trop absolue. Papinien va même plus loin : il suppose (D. l. 23 pr. *De liber. et posth.*) qu'un père, après avoir émancipé son fils, l'a exhérédé, puis l'a adrogédé; il ajoute alors : *exheredationem anteà scriptam nocere dixi.* Le testament selon lui ne se trouve donc pas rompu par cette adrogation.

Si l'adoptant avait fait son testament postérieurement à l'adoption, par application de la règle fondamentale assimilant l'adopté au descendant naturel qui occuperait la même place dans la famille, nous dirons, avec les Institutes (§ 4, *De exhered. liber.*), qu'on doit suivre pour

lui les mêmes règles, quant à l'exhérédation ou l'institution, que s'il était né de justes noces. Si donc
l'adoptant fait son testament ayant un fils adoptif sous
sa puissance immédiate, il doit l'instituer ou l'exhéréder nominativement. faute de quoi son testament sera
nul (Ulp. *Fragm.* xxii, § 16; Gaïus, ii, § 123), et ce
testament où le fils est omis restera nul, comme l'en-
seignaient les Sabiniens, alors même que l'adopté
viendrait à mourir avant l'adoptant (L. 7, D. *De lib. et
posth.*). L'institution ou l'exhérédation de l'adopté devait
être pure et simple, car si elle avait été conditionnelle,
la condition venant à défaillir, le fils adoptif se serait
trouvé n'avoir été ni institué, ni exhérédé (L. 28 pr. D.
De lib. et posth.). Si l'adopté était du sexe féminin ou
avait la qualité de petit-fils, il devait aussi être institué
ou exhérédé, mais une exhérédation *inter cœteros* était
suffisante (Ulp. *Fragm.* xxii, § 20). En cas d'omission
le testament n'était pas nul, mais l'adopté (fille ou
petit-fils) avait droit au *jus accrescendi* (Inst. pr. *De
exhered. liber.*). Sous Justinien, les adoptés, sous la
puissance immédiate du testateur, doivent tous, sans
distinction, être institués ou exhérédés nominativement, à peine d'infirmation du testament (L. 4, C. *De
liber. prœter.*; Inst. pr. *De exhered. liber.*). Par exception,
leur simple omission suffit dans le testament que l'adoptant fait comme militaire et en campagne (Inst. § 6,
De exhered. lib.). L'adopté et ses descendants conçus
après l'adoption occupaient, comme nous l'avons vu
déjà, dans la famille adoptive, le même rang que si
l'adopté y fût né de justes noces; les diverses règles
relatives aux posthumes et introduites successivement

dans la législation romaine devront donc être observées chaque fois que cette fiction du droit civil donnera lieu de les appliquer.

Nous savons que le droit prétorien était venu au secours du testateur pour faire produire à son testament des effets qu'il n'aurait pu produire d'après la rigueur du droit civil, et que celui-ci de son côté protégeait l'héritier injustement dépouillé et lui donnait les moyens d'agir contre les dispositions injustes du testateur. Or en supposant que le testament fait par l'adoptant soit valable ou que, ne valant pas d'après le droit civil, il se trouve en principe assez protégé par le droit prétorien pour donner lieu à la possession *secundùm tabulas* en faveur des institués, l'adopté héritier sien pourra-t-il intenter la *querela inofficiosi testamenti* ? Que décider aussi si le testateur avait laissé à cet adopté moins que la part légitime de ce qu'il aurait eu *ab intestat* ? Le principe que nous avons énoncé plus haut, à savoir que l'adopté occupe dans sa famille adoptive le même rang que s'il y était né de justes noces, va nous servir à résoudre ces questions. Ainsi lorsque l'adopté héritier sien avait été injustement exhérédé, il pouvait intenter la *querela* ; mais s'il n'avait été qu'omis par le testateur, alors il ne l'aurait pas pu, car la *querela* ne pouvait être employée avec succès que par celui qui n'avait aucune autre ressource (Inst. § 2 *De inoff. testam.*), et en cas d'omission le droit civil ou le droit prétorien, suivant les cas, fournissait à l'adopté le moyen d'arriver à là succession. Les filles ou les petits-fils omis ne pouvaient pas non plus intenter la *querela* puisqu'ils avaient la ressource du *jus accrescendi*. Si le testateur avait laissé à l'adopté moins que sa part légitime, c'est-à-dire moins du quart de ce qu'il aurait eu *ab intestat*, il paraîtrait qu'originairement l'adopté pouvait intenter la *querela,* bien entendu à moins qu'il ne se contentât de faire compléter sa quarte (Paul, *Sent.*, IV, cap. v, § 7) ; dans la suite l'action en supplément lui fut seule permise (Inst. § 3 *De inoff. testam.* ; Comp. L. 30 pr., et § 1 , C. *eod. tit.*), et c'était au moyen d'une *condictio ex lege* que l'adopté arrivait à faire compléter sa légitime. Justinien dans ses Novelles apporta des modifications sur cette matière, et la légitime devint de la moitié des biens dans les cas où le testateur avait laissé plus de quatre enfants, et du tiers des biens dans le cas où il en avait laissé quatre ou moins (Nov. 118 cap. 1 *in fine*).

L'adopté *ex tribus maribus* n'avait pas non plus la *querela.* En effet, d'après un sénatus-consulte, qu'Haubold place sous le règne de Marc-Aurèle , lorsque le père de trois enfants mâles donnait l'un d'eux en adoption, l'adopté se trouvait avoir un droit assuré sur un quart des biens de l'adoptant; il n'avait donc pas besoin de recourir à la *querela.* (V. Paraphrase de Théophile.)

Vers le troisième siècle de l'ère chrétienne , la *querela inofficiosœ donationis* ayant été admise à l'exemple de la *querela inofficiosi testamenti* , nous devons en conclure qu'elle appartenait aux mêmes personnes et que dès lors l'adopté y avait droit aussi. Cette *querela* pouvait seulement être exercée à l'effet de faire obtenir sa légitime à celui qui y avait droit. (L. 8 pr. C. *De inoff. donat ;* L. 1, C. *De inoff. dot.*)

Nous avons vu que l'adoption faisait rentrer l'adopté

dans la famille de l'adoptant, et que l'enfant adoptif devenait l'agnat des agnats de l'adoptant : cette parenté civile qui existait ainsi entre eux créait pour l'adopté des droits à la succession de ses agnats, et ces droits étaient absolument les mêmes que s'il avait été le fils ou le petit-fils naturel de l'adoptant. Ainsi l'adopté était-il entré dans sa nouvelle famille comme fils de l'adoptant : il pouvait venir à la succession des fils naturels ou adoptifs de l'adoptant, comme s'il avait été réellement leur frère ; il pouvait même, comme un véritable frère, au cas où le testament de l'un d'eux l'avait dépouillé, *turpibus personis scriptis heredibus* (Inst. § 1 *De inoff. testam.*), intenter la *querela*. Il pouvait, son père adoptif étant prédécédé, venir à la succession du frère de son père, et ainsi de suite. Dans les différents cas où la loi civile l'appelait à la succession de l'un des agnats de son père adoptif, le droit prétorien venait en outre le protéger en l'admettant à la possession *unde legitimi*, à moins qu'il ne l'admît même à la possession *unde liberi*, ce qui aurait pu se rencontrer. Ainsi quand quelqu'un avait été adopté comme petit-fils de l'adoptant, mais avec tel des fils de celui-ci pour père, si l'adoptant étant prédécédé, ce fils désigné venait à mourir *intestat*, l'adopté venait bien à la succession de celui-ci, mais il était mieux traité qu'un agnat plus éloigné ; il était traité avec la qualité de fils qu'il possédait d'après le droit civil, et le préteur l'admettait à la possession *unde liberi*.

Quant aux personnes qui ne tenaient à l'adoptant que par le lien de la parenté naturelle, à part les exceptions relatives à certaines prohibitions de mariage, l'adopté , leur étant étranger , puisque le lien qui le rattachait aux membres de la famille de l'adoptant n'était qu'un lien civil , n'avait jamais de droits à faire valoir dans leur succession, à moins qu'il ne se trouvât lui-même être leur parent naturel. Nous devons faire cette restriction , car l'hypothèse qu'elle prévoit peut se rencontrer assez fréquemment. Supposons en effet qu'un fils émancipé donne en adoption à son père un enfant conçu depuis son émancipation : l'adopté deviendra l'agnat de tous les parents de son aïeul, et il se trouvera aussi être le cognat des cognats de son aïeul ; mais cette cognation, il faut le remarquer, sera un lien préexistant et tout à fait indépendant de l'adoption, qui, basée sur le lien civil qu'elle crée et détruit en même temps, est aussi impuissante à créer la cognation naturelle qu'à la dissoudre.

Nous avons vu plus haut quels étaient les droits du patron et de ses enfants naturels dans la succession de son affranchi ; nous allons nous demander maintenant si les enfants adoptifs du patron avaient les mêmes droits que ses enfants naturels dans la succession de son affranchi. Nous croyons avec Cujas (Lib. 7 *observ.* cap. 1) que cette question, en principe, demande une solution affirmative. La loi des Douze Tables , comme le dit Ulpien (tit. 29 , § 4), avait accordé aux enfants du patron des droits sur la succession de l'affranchi , à cause du lien civil qui les unissait au patron : or pour l'adopté ce lien étant le même , il devait donc évidemment produire les mêmes effets. Appien lui aussi (Lib. 3, (εμφυλιων) dit à l'appui de cette opinion que , durant la vie du père adoptif , ses affranchis devaient à ceux qu'il avait adoptés pour ses fils les mêmes honneurs que s'ils eussent été ses propres enfants. Le droit les mettait donc sur la même ligne. Jusqu'à Justinien ce principe paraît être resté intact ; mais, comme nous le montre la loi 4, § 5, C. *De bon. libertoi*., cet empereur enleva aux enfants adoptifs les droits de patronage sur les affranchis de l'adoptant.

Il existe dans la législation romaine un principe fort équitable, qui dit : « *Ubi emolumentum successionis, ibi et onus tutelœ.* » Appelés à partager l'émolument de la succession, les enfants adoptifs devaient aussi être appelés à supporter les charges de la tutelle légitime, qui en étaient une juste conséquence : aussi ils étaient appelés comme les enfants naturels à la tutelle légitime des agnats (les enfants adoptifs du sexe masculin pouvaient seuls gérer cette tutelle, car, la tutelle étant considérée comme une charge publique, les femmes en étaient exclues) ; ils venaient aussi à cette tutelle dans le même ordre, c'est-à-dire qu'elle appartenait à l'agnat le plus proche et à tous ceux du même degré s'ils étaient plusieurs, sans qu'il y eût à rechercher l'origine de l'agnation.

Les jurisconsultes, par une interprétation de la loi des Douze Tables, avaient admis le patron ainsi que ses fils à la tutelle de ses affranchis, et cette tutelle avait été appelée légitime (*perindè atque si legis verbis introducta esset*) ; l'adopté, étant assimilé aux fils légitimes du patron, devait donc aussi être appelé à cette tutelle : toutefois Justinien ayant enlevé aux enfants adoptifs les droits de patronage sur les affranchis du patron, nous croyons que depuis la Constitution de cet empereur (L. 4, § 5, C. *De bon. libertor.*), cette tutelle cessa de leur appartenir.

Enfin, pour terminer cet ordre d'idées, nous nous demanderons si, le père adoptif venant à mourir après avoir émancipé un fils impubère, l'adopté était appelé à la tutelle fiduciaire. Nous croyons qu'il faut répondre négativement : de quel droit en effet aurait-il pu y prétendre ? Le lien d'agnation qui l'unissait à ce fils ayant été brisé par l'émancipation, n'était-il pas devenu, d'après les principes sur la *capitis deminutio*, étranger *jure civili* à l'émancipé ? D'un autre côté, il n'aurait pas pu, même avant la Constitution de Justinien, invoquer les droits de patronage, les enfants du père émancipateur n'ayant pas été assimilés à ceux du patron. Aussi il nous paraît logique de dire, en s'en tenant à la rigueur des principes, que l'adopté, en général, n'était pas appelé à la tutelle fiduciaire.

Si de l'examen de la situation de l'adopté dans sa famille adoptive, nous passons à celui de la position que l'adoption lui avait faite dans sa famille naturelle, nous aurons aussi à constater de notables changements : nous ferons connaître, à ce sujet, les principaux effets de l'adoption, sans entrer toutefois, ainsi que nous l'avons déjà fait, dans tous les détails que comporte le vaste champ de l'adoption.

En entrant dans sa famille adoptive, l'adopté éprouvait une *capitis deminutio*, et bien qu'elle fût *minima*, elle suffisait cependant pour briser le lien d'agnation qui l'unissait aux membres de sa famille naturelle, et il ne conservait plus dès lors avec ceux-ci que des relations résultant seulement de la *cognation* naturelle.

Donné en adoption par son père naturel, l'adopté sortait donc de sa famille, mais il en sortait seul, et les enfants qu'il pouvait avoir tombaient alors sous la puissance immédiate du *paterfamilias* et devenaient ses héritiers siens, de telle sorte que si cet ascendant ne s'était pas précautionné contre cet événement, son testament se trouvait rompu. A la mort de cet ascendant naturel, les enfants sous sa puissance devenaient *suî juris*, mais ils demeuraient dans leur famille naturelle, restant ainsi étrangers à l'adopté et aux enfants qu'il pouvait avoir eus postérieurement à l'adoption. Quant à ces enfants qui, à la mort de l'ascendant, devenaient *suî juris*, s'ils voulaient se marier, ils devaient, tant que leur ascendant vivait, réclamer son consentement ; mais s'il était mort, ils pouvaient se marier sans demander le consentement de leur père naturel. Quant aux prohibitions de mariage qui existaient entre l'adopté et certains membres de sa famille naturelle, elles continuaient à subsister, car si l'adoption brisait entre eux le lien d'agnation, elle laissait subsister le lien de *cognation*, et, pour l'une ou l'autre parenté, les prohibitions de mariage étaient les mêmes. Aussi quand il se trouvait dans sa famille naturelle des enfants adoptifs avec lesquels l'adopté ne pouvait d'abord contracter mariage à cause du lien d'agnation qui l'unissait à eux, son adoption ayant brisé ce lien, le mariage se trouvait dès lors possible (Inst. § 2, *De nupt.*). Toutefois si l'adopté, étant encore dans sa famille naturelle, avait consenti à l'adoption d'un enfant comme son petit-fils, bien que son adoption à lui-même eût brisé le lien qui l'unissait à ce petit-fils, comme, avant sa propre adoption il s'était trouvé parent en ligne directe de cet adopté, la prohibition au mariage n'en subsistait pas moins (L. 55, D. *De ritu nupt.* ; L. 14 , § 2 , *hoc tit.*).

Le père naturel, nous l'avons déjà montré, en donnant son fils en adoption, voyait s'éteindre, au profit de l'adoptant, sa puissance paternelle avec tous ses attributs. Nous avons vu aussi que l'adopté, bien qu'il ne fût pas sous la puissance de son père naturel, ne pouvait pas cependant l'appeler *in jus.* Cette prohibition existait en faveur de tout *parens naturalis* (D. 1. 8, *De in jus voc.*) : cette règle, qui avait été inspirée au préteur par le respect que l'on doit à ses ascendants , ne pouvait trouver un obstacle dans l'institution civile de l'adoption ; cependant elle n'était pas absolue , et le magistrat pouvait la faire cesser *causâ cognitâ.*

Le préteur, dans un but analogue, avait, dans son édit, défendu à l'affranchi, d'appeler *in jus*, sans sa permission, les enfants du patron, et cette prohibition continuait d'exister, alors même que le lien qui les unissait au patron venait à se rompre. Ainsi, non-seulement il ne pouvait citer en justice le fils que son patron avait donné en adoption, mais encore le fils que cet enfant avait eu après son adoption (L. 10, § 8, *De in jus voc.*). Cette décision du préteur était motivée sur le lien naturel qui existait entre le patron et cet enfant ; à défaut de celui-ci, elle n'avait plus raison d'être : ainsi un affranchi pouvait, sans permission, *vocare in jus*, celui que le fils émancipé de son patron avait adopté (*loc. cit.*).

Ce n'était pas seulement relativement à la puissance paternelle que l'adoption changeait la position de l'adopté dans sa famille naturelle ; elle la modifiait aussi quant aux droits successifs qu'il pouvait avoir dans cette famille. L'adopté, nous le savons, avait vu , par son adoption, briser le bien d'agnation qui le rattachait à sa famille naturelle : il perdait donc dans cette famille tout droit successif basé sur ce lien , et ne pouvait dès lors prétendre à la succession de l'un de ses membres. ni comme héritier sien, ni comme agnat. Le droit prétorien lui-même, qui, en plusieurs points corrigeait la rigueur du droit civil, ne venait point à son secours dans les cas où sans cette adoption il eût été appelé comme héritier sien ; il lui refusait la possession *unde liberi,* ne voulant point user en sa faveur de la même fiction que s'il se fût trouvé écarté comme émancipé ; et il se trouvait perdre tous ses droits éventuels sur les successions *ab intestat* auxquelles il aurait pu être appelé comme héritier sien, ou comme agnat, et ce n'était qu'autant que ces hérédités ne se trouvaient recueillies ni par un héritier sien, ni par un agnat, que le préteur l'admettait à la possession *unde cognati.*

L'adopté ne pouvant succéder à l'un des membres de sa famille naturelle , ni comme héritier sien , ni parmi ceux appelés à ce rang , nous pouvons en déduire cette conséquence, que ceux dont il eût été l'héritier sien sans l'adoption n'étaient point obligés, en faisant leur testament, de l'instituer ou de l'exhéréder, et que l'omission qu'ils en faisaient ne nuisait point à leur testament. L'adopté n'était donc pas admis à la possession *contra tabulas* ; bien plus, un des héritiers siens ou de ceux que le préteur appelait à la possession de biens *unde liberi* avait-il donné lieu a l'édit par l'omission que le testateur en avait faite, et pouvait-il réclamer la possession *contrà tabulas*, l'adopté n'en profitait point. De quel droit en effet aurait-il pu y prétendre ? Le testament ne valant pas, c'était la succession *ab intestat* qui s'ouvrait, et, comme nous l'avons vu, il n'y était pas appelé. Ce principe souffrait toutefois deux exceptions : la première se présentait lorsque l'adopté avait été donné en adoption à l'un des enfants émancipés de l'ascendant qui le donnait en adoption : dans ce cas, l'adopté avait bien quitté sa famille naturelle, mais il n'était pas rentré dans une famille que le droit prétorien regardait comme étrangère à celle qu'il avait quittée. Il se trouvait dans la même situation que s'il avait été le fils de cet enfant émancipé. C'était ainsi que, lorsqu'un aïeul avait donné en adoption à son fils émancipé le petit-fils qu'il avait eu de lui avant son émancipation, et qu'ensuite l'émancipé était mort, cet aïeul venait à mourir *intestat*, le préteur admettait cet adopté à la possession *unde liberi* ; que si cet aïeul était mort laissant un testament dans lequel il l'avait omis, cet adopté était admis à la possession *contrà tabulas* (D. l. 3, § 7, *De bon. possess. contr. tab.*). Ce genre d'exception se présentait encore, et pour des motifs analogues, lorsqu'un enfant émancipé donnait en adoption à son père ou à son aïeul paternel l'enfant qu'il avait eu depuis son émancipation. Dans ce cas, l'enfant adopté était, quant à la succession de celui qui l'avait donné en adoption, protégé par le droit prétorien comme s'il eût été encore dans sa famille (L. 3, § 8, *hoc tit.*).

La seconde exception que nous avons annoncée se

rencontrait chaque fois qu'un testateur ayant institué celui qui sans l'adoption eût été son héritier sien, avait omis un de ses héritiers siens, ou de ceux appelés à ce rang. En vertu de l'édit _de bonorum possessione contra tabulas_, auquel cette omission donnait ouverture , l'héritier omis et même ceux institués pouvaient demander la possession _contra tabulas_. Dans cette hypothèse l'adopté avait droit à une part virile, à celle qu'il aurait eue s'il ne fût pas sorti de la famille, encore bien qu'il' eût été institué pour une part minime. L'adopté n'était admis, en pareil cas, à la possession _contra tabulas_, qu'à deux conditions, savoir : 1° qu'il eût été institué héritier régulièrement et réellement ; s'il avait été institué sous une condition qui fût défaillie, son institution ne valant pas, il n'aurait pas pu être admis à la possession _contra tabulas_ (l. 11, _hoc tit._) ; 2° qu'il ne fût pas précédé dans la famille naturelle par un ascendant héritier sien ou émancipé, et que sans l'adoption il eût été héritier sien (l. 13, § 1, _hoc tit._). Le concours des deux conditions exigées de la part de l'adopté pour qu'il pût venir à la possession de biens _contra tabulas_, le laissait en outre soumis aux conditions ordinaires. Il n'aurait donc pas pu prétendre à cette possession 's'il eût consenti à l'exécution du testament qui l'avait institué. Cependant il n'aurait pas été réputé avoir approuvé le contenu du testament, par cela seul qu'il l'aurait fait par nécessité, par exemple en faisant adition d'après l'ordre de celui sous la puissance duquel il se trouvait. Si donc, après avoir fait adition par ordre de son père adoptif, il venait à être émancipé, il n'en devait pas moins être admis à la possession *contra tabulas*, dans le cas où ce testament aurait donné ouverture à l'édit (D. L. 10, § 2, *De bon. possess. contr. tab.*).

En principe la part que l'adopté admis à la possession *contra tabulas* prenait dans la succession de son aïeul naturel, était la même que s'il fût resté en puissance. Mais cette règle subissait en certains cas une modification importante : c'était quand cet adopté avait laissé dans la famille naturelle des enfants restés sous la puissance du testateur. D'un côté ces enfants comme héritiers siens avaient droit à la possession *contra tabulas* ; d'un autre côté le préteur y appelait aussi l'adopté. Celui-ci devait-il les exclure ou à l'inverse ? La question se trouvait tranchée par l'édit nouveau, c'est-à-dire par une clause que Salvius Julius avait insérée dans l'édit perpétuel. L'adopté et ses descendants restés sous la puissance du testateur venaient en concours ; l'adopté ne prenait que la moitié de ce qu'il aurait eu s'il fût resté dans sa famille naturelle ; l'autre moitié se répartissait entre les descendants de l'adopté (D. I. 1, § 2, *De conjung. cum emanc. liber.*).

Cette disposition de l'édit ne s'appliquait pas s'il s'agissait d'un fils de l'adopté né postérieurement à l'adoption et que son aïeul naturel avait adopté comme fils. Cet enfant acquérait par l'adoption les mêmes droits qu'un étranger, et par suite avait une part virile, indépendante du concours qui pouvait avoir lieu entre son père et les enfants qu'il avait laissés dans la famille naturelle (L. 1, § 9, *hoc tit.*).

L'adopté institué en se trouvant appelé à la possession *contra tabulas* quand le testament donnait ouverture à l'édit, était fictivement traité par le préteur comme s'il fût resté dans sa famille naturelle. L'équité demandait que cette fiction admise en faveur de l'adopté le fût aussi contre lui en faveur des héritiers siens du défunt, là où elle pouvait leur offrir quelque intérêt.

Or, pendant que les héritiers siens étaient en puissance, toutes les acquisitions par eux faites avaient en principe, et sauf les règles introduites à l'égard des pécules, profité à celui dont ils étaient les héritiers siens : le patrimoine s'était accru d'autant ; n'était-il pas équitable que l'adopté qui prétendait à la possession *contra tabulas*, ou celui sous la puissance duquel il se trouvait, rapportât ce que cet adopté aurait acquis au défunt sans cette adoption, et qu'il en fît profiter ceux avec lesquels il ne partageait que par suite de la fiction qui le faisait considérer comme étant resté dans la famille naturelle ? C'est ce que décida l'édit (D. l. 1, § 14, *De collat. bon.*). L'esprit de la disposition doit nous en indiquer la portée. L'adopté avait-il quitté sa famille naturelle sans laisser de descendants avec lesquels il vînt concourir : comme il faisait tort à tous les héritiers siens, lui ou le père adoptif sous la puissance duquel il se trouvait devait leur faire le rapport. Mais l'adopté avait-il laissé dans sa famille naturelle des enfants qui étaient héritiers siens : comme alors il ne concourait qu'avec eux, et que c'était à eux seuls qu'il causait un préjudice dans la part héréditaire, c'était à eux seuls qu'il devait faire le rapport (D. l. 1, *De conj. cum emanc.*).

Nous allons maintenant dire quelques mots des droits que pouvait avoir l'adopté sur la succession des affranchis de son ascendant naturel.

La loi des Douze Tables appelant les enfants du patron à la succession de l'affranchi à cause du lien d'agnation qui existait entre eux et leur père, la rupture de ce lien devait donc entraîner la perte de ce droit. L'adopté ne pourrait donc pas venir à cette succession comme enfant du patron, mais comme son cognat et là où arriverait un cognat de son degré (Arg. Ulp. tit. 27, § 5, et des Inst. tit. *de legit. patron. tutela*).

De même que l'on avait admis que l'assignation d'un affranchi se trouvait détruite par l'émancipation du fils auquel le patron l'avait faite, de même, selon nous, on devait admettre que si un père de famille donnait en adoption l'enfant à qui il avait fait l'assignation d'un affranchi, cette assignation devait s'évanouir.

De ce que l'adopté cessait de pouvoir arriver comme agnat à la succession des membres de sa famille naturelle, disons que la tutelle légitime des agnats cessait par là même de pouvoir lui être dévolue dans cette famille. Disons aussi que la tutelle légitime des enfants du patron sur les affranchis de l'ascendant naturel ne pouvait plus désormais appartenir à l'adopté, puisque la loi ne l'appelait plus à leur succession comme enfant du patron.

Que devrait-on décider si, au moment où un fils de famille était donné en adoption, il se trouvait chargé d'une tutelle ? Il pouvait arriver que ce fils fût tuteur atilien ou juliotitien, ou tuteur testamentaire, ou même tuteur légitime ou tuteur fiduciaire (par exemple si le père de famille s'était fait excuser de la tutelle); aussi l'on devra distinguer : s'il était tuteur légitime, sa tutelle devait cesser par l'adoption : causée par l'agnation, elle n'aurait su lui survivre. On devrait selon nous

appliquer les mêmes principes à la tutelle fiduciaire.
Quant à toutes les autres tutelles, l'adoption du tuteur
devrait être sans influence sur leur durée : étrangères
aux liens de famille qui unissaient le tuteur , elles ne
devaient pas se ressentir de leur rupture.

Nous allons examiner, pour terminer cette section,
les changements que l'adoption apportait à la position de l'adopté relativement au droit religieux qui
occupait une place importante dans le droit romain,
ainsi que relativement au droit public. L'adoption, en
faisant sortir l'adopté de sa famille naturelle, le rendait
étranger aux dieux domestiques et aux choses sacrées
de cette famille; mais, comme il entrait dans une autre,
sa famille adoptive, les dieux lares et les choses sacrées
de cette famille lui devenaient communs : leur culte en
effet. avec l'obligation aux sacrifices qu'il entraînait,
se transmettait dans la famille comme une partie de
l'hérédité et devait rester éternel : « *Ritus familiæ
patrumque servanto* ; *sacra privata perpetuo manento.* »
(Cicéron, *De Legibus.*)

Au point de vue du droit public l'adoption exerçait
aussi son influence sur l'adopté : d'après un rescrit de
Dioclétien et Maximien (C. l. 7, *De Adopt.*), lorsqu'un
citoyen était donné en adoption à un citoyen d'une autre
ville, il acquérait la patrie de l'adoptant ; mais, ajoute
ce texte, il n'en conservait pas moins sa patrie d'origine
et l'adoption ne portait pas atteinte aux droits que l'a-
dopté avait par sa naissance aux charges et aux honneurs. La loi 15, § 3, *ad municipalem*, au Digeste, pose
aussi les mêmes règles : « L'adoption ne diminue en rien
les droits aux charges et aux honneurs résultant de l'o-

rigine, elle ne fait qu'astreindre le fils adoptif aux charges de son nouveau père. » Antonin alla même jusqu'à décider (l. 17, § 9, *hoc tit.*) que l'enfant né dans la famille adoptive aurait, comme son père, pour patrie d'origine celle de son aïeul naturel, encore bien qu'il n'y eût aucune fraude dans l'adoption.

Ces décisions paraissent peu conformes aux principes de la matière : il semble que l'adopté, obtenant une autre patrie, devrait perdre celle qu'il avait d'abord. La législation primitive fut probablement ainsi, et les règles en vigueur dans le dernier état du droit furent peut-être dues à la nécessité de réprimer les fraudes de ceux qui ne se donnaient en adoption que pour se soustraire aux charges de leur patrie d'origine.

Comme nous l'avons déjà fait remarquer, l'adoption avait aussi pour effet de rendre plébéien le patricien adopté par un plébéien. C'est ainsi que le patricien Clodius se fit adopter par un plébéïen, afin de se faire élire tribun du peuple, charge qui ne pouvait être occupée que par des plébéiens. A l'inverse le plébéien adopté par un patricien devenait patricien. C'est ainsi que Cn. Cornélius, qui était plébéien, après être passé par adoption dans la famille Cornelia, fut *tribunus militum consulari potestate,* charge à laquelle les plébéiens ne purent parvenir que l'année suivante, an de Rome 369.

Enfin, comme nous le dit le jurisconsulte Paul, l'adoption n'altérait point la condition honorifique de l'adopté : *Per adoptionem dignitas non minuitur, sed augetur* (D. l. 35, *De Adopt.*). Ce texte dit même plus, puisqu'il ajoute que la *dignitas* de l'adopté se trouvait augmentée. Elle s'augmentait en effet de tout ce que la condition honorifique de son père adoptif transmettait d'honorabilité et de prérogatives aux propres fils de celui-ci. L'adoptant était-il patrice, sénateur ou décurion : l'adopté obtenait les charges et prérogatives de fils de patrice, de sénateur ou de décurion.

Après avoir examiné les formes et les conditions de l'adoption, ainsi que la situation qui était faite par l'adoption à l'adopté tant dans sa famille adoptive que dans sa famille naturelle, nous allons rechercher quelles étaient les causes de dissolution de l'adoption.

SECTION IV.

CAUSES DE DISSOLUTION DE L'ADOPTION ET DE LEURS EFFETS A L'ÉGARD DES ENFANTS ADOPTIFS.

L'adoption, nous l'avons vu déjà, produisait le double effet de rompre le lien d'agnation qui unissait l'adopté à sa famille naturelle pour le rattacher par un lien semblable aux membres de sa famille adoptive : ce lien d'agnation produit par l'adoption pouvait être dissous par l'émancipation ou par une nouvelle adoption. L'adoption pouvait aussi s'évanouir par la *media* ou la *maxima capitis deminutio* qu'éprouvait l'adopté, car, en lui enlevant les droits de cité, elle lui rendait impossibles les droits de famille ; mais dans l'un ou l'autre cas cet effet ne se produisait que comme la conséquence de la perte de la qualité de citoyen ou d'homme libre ; l'émancipation ou la nouvelle adoption, au contraire, produisaient comme effet principal la dissolution de la première adoption.

4

Ces causes de dissolution de l'adoption dépendaient uniquement de la volonté de l'adoptant, c'était à lui de décider s'il voulait ou non que la puissance qu'il avait sur l'adopté fût dissoute ; ce n'était que dans quelques cas très-rares (Inst. § 10, *Quib. mod. jus potest solvit.*) que l'adoption pouvait être dissoute malgré l'adoptant ; nous en dirons quelques mots après avoir parlé des conséquences de la dissolution de l'adoption par l'émancipation ou par une nouvelle adoption.

Il pouvait arriver que l'adoptant émancipât l'adopté : dans ce cas les effets de l'adoption relatifs à la famille adoptive s'évanouissaient : conséquence du lien d'agnation que cette adoption avait produite, ils cessaient nécessairement dès que ce lien venait à se rompre. Toutefois cette règle, vraie comme principe, souffrait une exception : la dissolution de l'adoption primitive laissait intacte la prohibition du mariage qu'elle avait fait naître entre l'adoptant et ses descendants adoptifs, entre l'adopté et la femme de l'adoptant, entre l'adoptant et la femme de l'adopté (D. l. 14, *De ritu nupt.*, Inst. § 1, *De nupt.*). Ici les motiis de décence l'emportaient sur les principes.

Quand nous disons que l'émancipation de l'adopté faisait évanouir les effets de l'adoption, nous envisageons uniquement l'adopté : en effet, si, postérieurement à son adoption, l'adopté avait eu des enfants, ces enfants se trouvaient dans la famille adoptive ; leur sort y était indépendant de celui de leur père en ce sens qu'ils continuaient d'y rester alors même que le lien produit par l'adoption venait à se dissoudre pour leur père ou à l'inverse. Pour que ces enfants sortissent de la famille adoptive, il aurait donc fallu que l'on employât le même mode que si chacun d'eux, étant né dans la famille naturelle de leur père, avait été l'objet d'une adoption particulière.

Quant à la situation, vis-à-vis de sa famille naturelle, de l'enfant émancipé par son père adoptif, Gaïus (*Comm.* 11. 137.) et Justinien (*Inst.* § 4, *De exhered. liber.*) nous apprennent qu'il acquérait, à partir de ce moment, et pour l'avenir seulement, la même condition que celle qu'il aurait eue s'il eût été émancipé par le père naturel. C'est ainsi que Paul (D. l. 6, § 4, *De bon. poss. contr. tab.*) en matière de *bonorum possessio contra tabulas*, nous dit : *Adoptio tam nocet quamdiu quis in aliena familia sit.* Devons-nous décider de même lorsque l'enfant adoptif n'avait pas été émancipé par celui qui l'avait adopté, mais par son père naturel qui se trouvait dans la famille adoptive ? Ainsi l'adopté avait eu un fils postérieurement à l'adoption et l'avait émancipé après la mort du père adoptif : cet enfant émancipé était-il dans la même position que si, après être né dans la famille naturelle de son père, il en fût directement sorti par l'émancipation ? Pouvait-il, s'il avait été omis dans le testament de son aïeul naturel, demander la possession *contra tabulas* ? La négative, comme nous le dit Cujas dans plusieurs passages, résultait de ce que l'édit appelait seulement à cette *possessio* ceux qui, pendant qu'ils étaient dans la famille adoptive, avaient été émancipés par le père ou l'aïeul adoptif. Cet édit n'était donc pas applicable à celui qui était sorti de la famille adoptive émancipé par son père naturel. Mais la loi 14, § 1, *De bon. possess. contr. tab.*, au Digeste, venait au secours de cet émancipé : elle lui accordait alors la possession *contra tabulas decretalis* des biens de son aïeul naturel.

L'adoption pouvait encore être dissoute par une nouvelle adoption , soit que l'adopté lui-même fût de nouveau donné en adoption, soit que le père adoptif sous la puissance duquel il se trouvait l'entraînât avec lui dans une nouvelle famille adoptive au moyen de l'adrogation , soit enfin que l'adopté devenu *sui juris* par la mort de son père adoptif se fût lui-même donné en adrogation.

Dans la première hypothèse, c'est-à-dire si l'adoptant avait donné l'adopté en adoption à un tiers, les effets de cette adoption étaient bien différents, selon que ce tiers était un étranger ou un ascendant de la famille naturelle de l'adopté. Le nouvel adoptant était-il un étranger : l'adoption se formait comme s'il se fût agi d'une adoption faite par l'ascendant naturel, avec cette différence que l'adoptant primitif remplissait le rôle de celui qui donnait en adoption. La situation de l'adopté vis-à-vis de sa famille naturelle restait ce qu'elle avait été avant cette nouvelle adoption. D'un autre côté l'adopté acquérait dans sa nouvelle famille identiquement la même position qu'il y eût acquis s'il eût été donné en adoption directement par son père naturel. Enfin les effets de l'adoption relativement à la famille adoptive primitive s'évanouissaient identiquement de la même manière que lorsque le fils adoptif en sortait par l'émancipation.

Si l'adopté avait été donné en adoption à un ascendant de sa famille naturelle qui lui-même y fût resté , les effets de l'adoption étaient les mêmes que dans l'hypothèse précédente en ce qui concernait la position de l'adopté à l'égard de sa première famille adoptive ; mais par cette nouvelle adoption l'adopté recouvrait dans sa famille naturelle le lien d'agnation et les droits qui y étaient attachés. Il pouvait toutefois se faire qu'il n'y occupât pas le même rang que s'il n'en fût pas sorti. Ainsi le père naturel pouvait adopter comme petit-fils un fils donné en adoption et réciproquement : civilement cet adopté occupait dans sa famille naturelle la place que cette nouvelle adoption lui avait faite.

Mais *quid* si un père de famille, après avoir donné son descendant naturel en adoption, et l'avoir ensuite adopté, venait à l'émanciper ? D'après les principes sur la matière, et comme nous aurons occasion de le dire quand nous traiterons de l'adrogation, la position personnelle de l'émancipé vis-à-vis de sa famille natu-relle était la même que si son ascendant, après l'avoir émancipé, l'avait adrogé, puis rémancipé : dès lors la question ramenée à ces termes trouve sa solution dans les sources : cet émancipé recouvrait personnel-lement la même position que si l'adoption n'eût pas eu lieu. Le fils avait-il été adopté par son père comme petit-fils, puis avait-il été émancipé ? Tant qu'avait duré l'adoption, ce fils avait été dans la famille comme petit-fils, les enfants qu'il avait eus pendant ce temps étaient restés dans la famille naturelle, non pas comme petits-fils, mais comme arrière-petits-fils. Une fois l'adoption dissoute par l'émancipation, la qualité de fils reparaissait à la place de la qualité civile de petit-fils (D. l. 1, § 7, *De bon. bon. possess. contra tab.*). Si un petit-fils avait été émancipé , puis adopté comme fils et rémancipé, tant que l'adoption durait, il était dans la famille de son aïeul comme s'il eût été son fils ; une fois l'émancipation dissoute, la qualité naturelle de petit-fils reparaissait (L. 3, §§ 1 et 2, *hoc tit.*).

Nous allons examiner maintenant le cas où l'adopté se trouvait transporté dans une autre famille par l'adrogation de son père adoptif. Rigoureusement l'adoption n'était pas dissoute puisque la paternité adoptive qui existait primitivement n'était pas éteinte ; mais cependant on ne peut nier que l'adoption primitive ne fût en partie dissoute. Et en effet , à part les rapports du père adoptif et de ses enfants, qui continuaient d'être les mêmes avec l'adopté, celui-ci se trouvait vis-à-vis de sa famille primitive dans la même situation que s'il en fût sorti par une adoption proprement dite. D'un autre côté, il est incontestable que l'adrogation du père adoptif faisait entrer dans une famille nouvelle l'adopté et les enfants qu'il avait eus depuis l'adoption. Ils y entraient comme s'ils avaient été les descendants naturels de l'adrogé, et d'après les règles du droit civil ils devaient en retirer les mêmes avantages.

Il nous reste encore à examiner l'hypothèse où l'adopté devenu *sui juris* par la mort de son père adoptif se donnait en adrogation : elle se trouvera naturellement expliquée lorsque nous nous occuperons des effets de l'adrogation.

Nous allons examiner , pour terminer cette section , les cas exceptionnels dans lesquels l'adoption pouvait être dissoute malgré la volonté du père adoptif. Comme nous le dit Justinien (*Inst.* , § 10 , *Quib. mod. jus potest solv.*), les enfants n'avaient presqu'aucun moyen (*ullo pènè modo*) de contraindre leurs ascendants à se démettre de leur puissance paternelle. Si cependant un citoyen avait adopté une femme pour sa fille et s'il l'avait prostituée, celle-ci pouvait s'adresser aux magistrats qui forçaient le père adoptif à se démettre de la puissance paternelle résultant de l'adoption et le frappaient en outre des peines portées par la loi (C. 11 , 40, 6). La loi regardait en effet comme indigne d'exercer la puissance paternelle, l'homme qui s'en servait pour prostituer ses enfants.

Nous avons vu aussi que l'on pouvait adopter une personne même *infans* : dans ce cas, si le père adoptif venait, après l'adoption , à exposer son fils adoptif, la loi déclarait l'adoption dissoute, l'adoptant n'étant pas digne de jouir des bienfaits de l'adoption, puisqu'il ne voulait pas en supporter les charges (C. 8 , 52 , 8). Il pouvait se faire enfin que l'enfant adoptif eût été adopté alors qu'il était encore impubère et que, une fois arrivé à la puberté, il eût compris que l'adoption ne lui était pas avantageuse : dans ce cas , comme la loi voulait que l'adoption eût lieu surtout dans l'intérêt de l'adopté , celui-ci pouvait s'adresser aux magistrats qui l'admettaient à prouver que l'adoption lui était désavantageuse, et, la preuve faite, le père adoptif était contraint d'émanciper l'adopté , et le lien résultant de l'adoption qui les unissait se trouvait dès lors rompu (*Inst.*, § 3, *De Adopt.*).

APPENDICE.

CONSTITUTION DE JUSTINIEN.

Nous avons dit, en commençant ce travail, que Justinien avait, par une Constitution, modifié les effets que l'adoption produisait sous l'ancien droit ; nous allons maintenant étudier cette Constitution qui forme la loi 10 au Code *de Adoptionibus.*

L'adoption, par les effets qu'elle produisait sous l'ancien droit, pouvait devenir très-désavantageuse à l'adopté, qui, en sortant de sa famille naturelle, y perdait tous ses droits successifs ; et, s'il acquérait en retour des droits analogues dans sa famille adoptive, il faut bien remarquer que ces droits étaient subordonnés à la durée de l'adoption et s'évanouissaient avec elle. Si l'adopté venait en effet à être émancipé, la dissolution de l'adoption entraînait avec elle la perte des droits conférés à l'adopté. Bien plus, d'après les termes mêmes de la Constitution dont nous nous occupons en ce moment, on pourrait conclure que le fils adoptif, à la différence du fils naturel, pouvait être émancipé malgré lui : la durée de l'adoption était donc très-précaire. Lorsque l'adopté était émancipé, il est vrai que le droit prétorien, relativement aux successions à venir des ascendants de sa famille naturelle, le traitait, ainsi que nous l'avons déjà vu, comme s'il s'y fût trouvé encore ; mais il ne pouvait prétendre comme agnat à la succession de ses autres membres, étranger qu'il était à cette famille d'après le droit civil. Ce principe rigoureux subsista longtemps cependant, et ce ne fut que depuis l'empereur Anastase qu'il y fut dérogé pour les successions des frères et sœurs, et encore les émancipés n'obtenaient-ils que la moitié de ce qu'avaient les autres frères. A part cette exception, l'adopté qui était émancipé ne recouvrait pas ses droits à la succession des membres de sa famille naturelle, et il perdait en outre les droits analogues qu'il avait acquis dans sa famille adoptive. L'adopté pouvait donc perdre à la fois et ses droits à la succession de l'ascendant de sa famille naturelle, et ceux qu'il avait à la succession de son père adoptif. Supposons en effet un fils de famille donné en adoption : à la mort de son père naturel, l'adopté, étant encore sous la puissance de son père adoptif, se trouvait, par suite de l'adoption, exclu de la succession de son ascendant naturel ; cette succession passait soit à des héritiers testamentaires, soit *ab intestat* à d'autres enfants ou aux agnats du défunt ; l'adopté avait-il au moins un droit assuré à la succession de son père adoptif ? Nullement, car si celui-ci venait, avant de mourir, à l'émanciper, alors l'adopté lui devenant étranger ne pouvait prétendre à sa succession (D. l. 6, § 4, *De bon. possess. contr. tab.*). L'adopté se trouvait donc exclu successivement de ces deux successions : il ne pouvait plus prétendre à la succession de son ascendant naturel, car il eût été par trop bizarre que, cette succession une fois ouverte, il eût dépendu du père adoptif de la faire arriver à l'enfant du *de cujus* plutôt qu'à ses agnats. La situation qui était faite à l'adopté était assurément très-fâcheuse et contraire au vœu de la loi qui voulait que l'adoption fût favorable à l'adopté : des réformes étaient donc indispensables sur ce point : c'est ce que comprit Justinien. Il décida, en principe, que l'adoptant n'obtiendrait plus la puissance paternelle : en d'autres termes, que l'adopté resterait *in familia patris naturalis*; l'effet primitif de l'adoption se trouva donc gravement modifié, sauf toutefois une distinction que nous allons faire connaître en examinant la Constitution précitée.

Cette Constitution (C. l. 10 *De Adopt.*) divise les adoptions proprement dites en deux classes : adoptions faites *a non extraneo* (c'est-à-dire par un ascendant paternel ou maternel de l'adopté), et celles-qui sont faites *ab extraneo*. Dans le premier cas l'adoption conserve tous ses anciens effets : l'affection des ascendants pour leurs descendants est une garantie pour l'adopté ; il ne sera point victime d'une émancipation intempestive ; le danger qu'il s'agissait d'éviter n'est donc point à craindre ici ; l'adoptant n'aura point recours à l'émancipation pour priver l'adopté de sa succession. Justinien cependant prévoit l'hypothèse d'un *avus* émancipant son fils adoptif ; dans ce cas, l'adopté revient dans la famille de son père (L. 10 pr. *in fine, c. De Adopt.*). Nous ferons remarquer en outre que celui qui est adopté par son ascendant paternel ne perd point pour cela les droits qu'il pouvait avoir à la succession du *parens* qui le donne en adoption, Modestin dit en effet : *si emancipato filio, nepos ex eo in potestate avi remanserit, et posteà patri suo in adoptionem datus fuerit, contrà tabulas avi bonorum possessionem petere poterit, quia per àdoptionem in aliena familiâ non fuerit* (D. l. 21 § 1, *De bon. possess. contr. táb.*).

Mais comment pouvait-il se faire, avec l'organisation de la famille romaine, qu'une personne fût donnée en adoption à son ascendant ? Cela se comprend facilement de la part de l'aïeul maternel, car il ne se trouvait pas dans la même famille que celui qu'il adoptait ; mais l'adoptant pouvait être aussi même l'aïeul paternel ou le père de l'adopté. L'*aïeul paternel* : ainsi un fils émancipé pouvait donner en adoption à son père les enfants qu'il avait eus depuis son émancipation et qui étaient sous sa puissance. Le *père* : ainsi un père pouvait donner en adoption à son fils émancipé les enfants que celui-ci avait eus avant son émancipation et qui étaient restés sous la puissance de leur aïeul. Un passage d'Ulpien inséré au Digeste le suppose formellement : *Si quis filio suo emancipato nepotem, quem ex eo retinuerat, dederit in adoptionem* (D. 1. 3, § 7, *De bon. possess. contr. tab.* ; L. 21, § 1, *eod. tit.*). Justinien, on ne sait trop pourquoi, n'a pas expressément indiqué le cas où un fils est adopté par son père (*Inst.*, § 2, *De Adopt.*). Cela tient sans doute à ce que, comme nous le verrons ci-après, il se produit quelque chose de particulier au cas où c'est le grand-père et non le père qui donne le fils en adoption.

La Constitution de Justinien tranche incidemment une question sur laquelle les jurisconsultes étaient en désaccord : on s'était demandé si, lorsqu'un fils de famille donné en adoption par son père avait été omis dans le testament de celui-ci, il avait la *querela inofficiosi testamenti* ; mais on n'avait pu tomber d'accord. Papinien refusait à l'adopté la *querela* ; Marcien au contraire la lui accordait quand, par suite de suggestion, il s'était laissé adopter par un homme pauvre. Justi-

nien, dans sa Constitution, adopte l'opinion de Papinien
en cas d'adoption proprement dite faite par un ascendant et décide que l'adopté ne pourra intenter la *querela*
contre le testament de celui qui l'aura donné en adoption, à moins, ajoute le texte avec raison, que l'adoption ne se trouve déjà dissoute par l'émancipation.
Justinien rejette l'opinion de Marcien : il regarde
comme impossible, en pareil cas, l'espèce de fraude
signalée par ce jurisconsulte.

Il peut se faire aussi que l'adoptant soit un *extraneus* :
dans ce cas Justinien décide que l'adopté continuera de
rester dans sa famille naturelle. Les règles sur la puissance paternelle, les tutelles légitimes, l'exhérédation,
l'omission, la *querela inofficiosi testamenti*, la *querela
inofficiosæ donationis*, les règles sur les pécules et sur
l'usufruit du pécule adventice, celles sur les successions,
toutes ces règles devront être appliquées comme si
l'adoption n'avait pas eu lieu.

D'un autre côté l'adoptant *extraneus* n'acquerra plus
la puissance paternelle sur l'adopté : il ne pourra plus
le donner en adoption (Inst., § 2, *De Adopt.*). L'adopté
ne passera plus dans la famille adoptive et sera désormais comme un étranger aux parents de l'adoptant : en
conséquence il ne pourra plus prétendre aux droits qui
découlaient pour lui de l'ancien principe que l'adopté
devenait l'agnat de tous les agnats de l'adoptant.
L'adoption par un *extraneus* n'aura plus effet qu'entre
l'adopté et l'adoptant, et encore se bornera-t-elle à
faire naître en faveur de l'adopté et sans réciprocité un
droit sur la succession *ab intestat* de l'adoptant (C. L.
10, § 1, *De Adopt.*). L'adoptant pourra disposer par

testament de tous ses biens sans que l'adopté puisse recourir contre le testament par la *querela* ; ce qu'il lui laissera en testant sera considéré comme une pure libéralité.

Ce que nous venons de dire s'appliquera à l'adoption faite par un *extraneus*, quand même l'adopté serait l'un des trois enfants mâles qu'avait celui qui l'a donné en adoption. L'adopté, en pareil cas, ne pourra donc plus prétendre à la quarte que lui assurait le sénatus-consulte Sabinien (*hac lege*, § 3). Ceci est logique : le but de ce sénatus-consulte était de garantir l'adopté contre une émancipation ou une exhérédation qui, après que l'adoption lui avait fait perdre ses droits dans sa famille naturelle, les lui aurait aussi enlevés dans sa famille adoptive ; or la Constitution de Justinien décidant qu'à l'avenir l'adopté par un *extraneus* restera dans sa famille naturelle, pourquoi laisser à l'adopté entre trois mâles un avantage que le sénatus-consulte Sabinien ne lui avait accordé que comme compensation des droits qu'il ne perdra plus ?

Toutefois les règles que nous venons de donner pour l'hypothèse de l'adoption par un *extraneus* ne recevront pas leur application dans tous les cas où ce sera un *extraneus* qui adoptera. Le texte des Institutes (§ 2, *De Adopt.*, et § 14, *De hered. quæ ab intest.*), il est vrai, distingue entre les adoptés par un ascendant et les adoptés par un *extraneus* ; mais cette distinction à laquelle nous nous sommes conformés n'est pas complète ; elle demande elle-même une sous-distinction. Les règles que nous venons de tracer ne doivent en effet recevoir leur entière application

que lorsque le fils de famille adopté par un *extraneus*
est le fils ou la fille de celui qui donne en adoption ;
ou qu'étant son petit-fils ou sa petite-fille, son arrière-
petit-fils ou son arrière-petite-fille, il se trouve son
héritier quand il vient à mourir ; mais s'il est précédé
dans la famille par son père ou son aïeul, comme alors
il n'est pas héritier sien de celui qui l'a donné en adoption, *maneant*, dit la Constitution, *omnia jura adoptiva
ei intacta*. Dans ce dernier cas, l'adoption produira
donc les mêmes effets que les adoptions antérieures à
la Constitution (C. L. 10, § 4, *De Adopt.*). Mais quelle
sera la position de l'adopté dans l'intervalle qui s'écou-
lera entre l'adoption et la mort de celui qui l'a donné
en adoption ? La question ne présentera pas de difficulté
quand le fils de famille sera, lors de l'adoption, sous la
puissance immédiate de celui qui le donne en adoption ;
mais *quid* s'il est précédé alors dans la famille par un
ascendant : par exemple si un homme qui a sous sa
puissance son fils et un petit-fils *ex eo filio*, donne son
petit-fils en adoption à un étranger, l'adopté restera-
t-il sous la puissance et dans la famille *avi naturalis*, ou
bien au contraire passera-t-il sous la puissance et dans
la famille *patris adoptivi*? Pour le moment on n'en sait
rien : l'état de l'adopté va se trouver quelque temps
in pendenti. Si, à la mort de l'*avus naturalis*, l'adopté n'est
pas en ligne pour lui succéder, attendu qu'il est primé
par son père, alors on admet que l'adopté a passé dans
sa famille adoptive, parce qu'en l'admettant on ne lui
cause aucun préjudice. Mais si, à la mort de l'*avus
naturalis*, le *pater naturalis* n'est plus là pour faire obstacle à ce que son fils soit appelé à la succession, il se

trouve que l'adopté est resté dans sa famille naturelle et que l'adoption lui a seulement conféré un droit *ab intestat* à la succession de l'adoptant. Cette distinction remarquable est expressément faite par Justinien lui-même (L. 10, § 4, C. *De Adopt.*).

Nous dirons en terminant, et avant de passer à l'étude de l'adrogation, que Justinien, par la même Constitution (C. L. 11 *De Adopt.*), fit disparaître les formes compliquées anciennement prescrites pour l'adoption. D'après cette Constitution, celui qui veut donner son enfant en adoption n'a besoin que de déclarer sa volonté, *actis intervenientibus*, par-devant le magistrat compétent, *præsente eo qui adoptatur, et non contradicente, nec non eo qui eum adoptat*.

Enfin nous ferons remarquer que cette Constitution fut sans influence sur l'adrogation, dont allons nous occuper maintenant.

CHAPITRE II.

DE L'ADROGATION.

L'adrogation était un acte solennel par lequel un chef de famille faisait entrer sous sa puissance un autre chef de famille : en d'autres termes, c'était l'adoption d'une personne *sui juris*. Elle faisait passer sous la puissance de l'adrogeant l'adrogé avec tous ses biens (Gaïus, III, 83) et toutes les personnes qui lui étaient soumises ; la maison dont l'adrogé était le chef se confondait avec celle de l'adrogeant ; il n'était plus inscrit sur le cens comme père de famille, mais seulement comme fils; il perdait ses dieux domestiques et entrait dans les choses sacrées de sa famille adoptive, *in sacra transibat* (C. 3, 28, 37, § 2 ; id., 6, 58, 13, § 1). Ces changements importants pour la cité et la religion expliquent les formes primitives de l'adrogation ; ils justifient en même temps les formes solennelles et les conditions qui étaient exigées pour arriver à sa formation.

SECTION PREMIÈRE.

DES FORMES DE L'ADROGATION.

D'après les règles de l'ancien droit, l'adrogation ne pouvait avoir lieu qu'en vertu d'une loi curiate votée dans les comices assemblés par curies sous la présidence des pontifes, ce qui nécessitait le consentement du peuple et l'approbation du collège des pontifes. Les citoyens étaient appelés aux comices *per cornicinem*, au son du cor (Aulu-Gelle, xv, 27). Afin qu'ils vinssent en grand nombre et pour leur faire connaître d'avance la proposition sur laquelle ils auraient à statuer, une loi *Cœcilia Dilia* avait décidé, l'an 656 de la fondation de Rome, que le projet de loi, avant le jour fixé pour le vote, devrait être rendu public pendant trois jours de marché consécutifs. Le marché, comme nous le dit Macrobe (*Saturn.* I, 16), se tenait à Rome tous les neuf jours : *Rutilius scribit Romanos instituisse nundinas, ut octo quidem diebus in agris rustici opus facerent, nono autem die, intermisso rure, ad mercatum legesque accipiendas Romam venirent.....* ; et l'habitude était de voter les lois le jour de marché où avait lieu la troisième publication : *Mos tractus ut leges trinundino die promulgarentur*

(Macrobe, *Saturn.*, I, 16). Lorsque les comices par curies étaient réunis, l'un des pontifes rendait compte de l'enquête qui avait été faite : il indiquait si l'adro-gation paraissait *honesta* et si les personnes qui deman-daient à se faire adroger réunissaient les conditions exigées par la loi (Aulu-Gelle, *Nuits att.*, V, 19 ; D. l. 15, §§ 2 et 3, *De Adopt.*), On demandait ensuite à l'adrogeant, dans les comices, s'il voulait prendre un tel pour son fils légitime ; à l'adrogé, s'il voulait le devenir ; au peuple, s'il l'ordonnait : et alors, si toute-fois le collége des pontifes ne s'y était pas opposé, l'adrogation s'opérait par une loi qui était votée par le peuple. Les formules de ces diverses interrogations nous sont indiquées par Cicéron (*Pro dom.*, 29) pour l'interrogation adressée à l'adopté : *Credo enim quan-quàm in illá adoptione legitime factum est nihil, tamen te esse interrogatum : auctorne esses ut in te P. Fontejus vitæ necisque potestatem haberet, ut in filio ?* et par Aulu–Gelle (*Nuits att.*, V, 19) pour l'interrogation adressée au peu-ple : *Velitis, jubeatis, Quirites, uti Lucius Valerius Lucio Titio tàm jure legeque filius sibi siet, quam si ex eo patre matreque familias ejus natus esset, utique ei vitæ necisque in eum potestas siet uti patri endo (pariendo) filio est : hæc ita ut dixi, ita vos, Quirites, rogo.* L'adrogé, ne jouant pas un rôle passif comme l'adopté dans l'adoption propre-ment dite, devait manifester expressément la volonté où il était de se faire adroger, et voilà pourquoi la pre-mière interrogation que nous avons indiquée lui était adressée. Mais qui prononçait ces formules ? Ce n'était assurément ni l'adrogé, ni l'adrogeant, puisque dans ces formules ils sont tous les deux nommés à la troisième personne ; on doit donc supposer que c'était un magistrat. Aulu-Gelle, qui nous a transmis la seconde formule précitée, fait même découler *adrogatio* de la *rogatio* qui était adressée au peuple par cette formule. Mais cette étymologie n'est pas en accord avec celle que nous en donne aussi Gaïus (II, 99). D'après ce jurisconsulte, l'adrogation a été ainsi nommée à cause des interrogations adressées à l'adrogeant, à l'adrogé et au peuple.

Telle était l'adrogation dans sa forme primitive : lorsque l'on substitua aux comices par curies les comices par centuries, l'on n'en conserva pas moins les comices par curies pour tout ce qui tenait au culte et aux institutions anciennes. Toutefois ces assemblées devinrent fictives, et la loi curiate ne fut plus alors qu'une formalité. Il est bien certain en effet que, ni du temps d'Ulpien, ni même du temps de Gaïus, le peuple ne s'assemblait réellement dans ses comices. Dès la fin de la République l'adrogation se faisait devant trente licteurs chargés de représenter les 30 curies, ce qui fit dire à Cicéron, à propos des décemvirs que les tribuns du peuple voulaient faire nommer pour l'exécution d'une loi agraire : *Sint igitur decemviri neque veris comitiis, hoc est populi suffragiis, neque illis ad speciem atque ad usurpationem vetustatis, per XXX lictores, auspiciorum causâ, adumbratis, constituti !* Dans un autre passage (*Orat. pro domo suâ ad pontif.*, n° 16), Cicéron s'exprime en outre ainsi, en parlant de Clodius qui s'était fait adroger par un plébéien : *Si quod in cœteris legibus trinum nundinum esse oportet, id in adoptione satis est trium esse horarum, nihil reprehendo.* Or, si, en fait, une adrogation pouvait alors être consommée dans un espace de trois heures , c'est évidemment parce qu'elle n'exigeait pas la convocation et la réunion du peuple. Ce qui nous prouve encore que l'adrogation se faisait en présence des pontifes, mais non devant le peuple assemblé dans ses comices , c'est un passage de Tacite (*Hist.*, liv. 1, nº 15) dans lequel il fait dire par Galba à Pison : *Si te privatus lege curiatâ , apud pontifices , ut moris est , adoptarem*.....

Dans les Institutes de Justinien (§ 1 *De Adopt.*), nous voyons que, sous le droit de Justinien , l'adrogation se faisait non plus *populi auctoritate*, mais *principali rescripto*. Or, à partir de quelle époque les rescrits impériaux tinrent-ils lieu, pour l'adrogation, des comices par curies? On ne le sait pas au juste : on pourrait croire que ce fut peut-être sous le règne de Dioclétien. On voit en effet par une Constitution de cet empereur (C. l. 2, *De Adopt.*) qu'à cette époque (an. 286 de J.-C.) l'adrogation se faisait facultativement ou comme autrefois par une loi curiate, ou par rescrit impérial pourvu qu'elle eût été dénoncée (*intimata*) au préteur ou au président de la province. Cette faculté ne dura pas longtemps sous Dioclétien, car une autre Constitution de cet empereur vint supprimer l'adrogation par la loi curiate : dès lors elle ne se fit plus que par rescrit impérial (*auctoritate principis*). Dans ce nouveau droit, la *cognitio causæ* resta exigée pour toute adrogation : elle fut attribuée au magistrat ou président de province à qui l'empereur devait adresser son rescrit. Quant à l'intervention des pontifes, elle n'était plus sans doute nécessaire , puisque le prince était le chef des pontifes.

L'adrogation, à part l'autorisation du peuple et plus

tard celle du prince, n'exigeait en principe que le consentement de l'adrogeant et celui de l'adrogé : on ne
tenait aucun compte de ce que l'adrogé avait des enfants
soumis à sa puissance, qui allaient passer sous celle de
l'adrogeant et entrer dans sa famille : ces personnes
alieni juris subissaient l'effet de l'adrogation sans même
participer à sa confection ; ils passaient de plein droit
quasi nepotes sous la puissance de l'adrogeant, tandis
que, dans l'adoption proprement dite, les enfants légitimes qu'avait l'adopté sous sa puissance ne suivaient
point celui-ci dans sa famille adoptive, mais restaient
sous la puissance de l'aïeul qui avait donné leur père
en adoption (Gaïus, *Comm.*, I, § 107).

Si l'adrogé entrait dans la famille adoptive comme
petit-fils de l'adrogeant, il y avait lieu de distinguer,
comme dans l'adoption proprement dite, s'il y entrait
sans père désigné, ou bien s'il y entrait comme enfant
de tel fils de l'adrogeant. Dans ce dernier cas le consentement de ce fils était nécessaire pour arriver à la confection de l'adrogation : la raison de décider est la même
que dans le cas d'adoption proprement dite. Il y avait
cependant des cas exceptionnels où ces consentements,
dans les derniers temps de la législation antéjusti-
nienne, n'étaient plus suffisants. Depuis le règne de
l'empereur Claude, le mineur de vingt-cinq ans ne
pouvait plus être adrogé sans le consentement de son
curateur (D. 1. 8, *De Adopt.*). De même, après que l'a-
drogation de l'impubère eut été permise, on exigea en
pareil cas *l'auctoritas tutoris*. Si l'impubère avait reçu
plusieurs tuteurs et que leur administration ne se trouvât pas divisée, l'autorisation d'un seul tuteur suffisait

(C. L. 5, *De Auctor. præstand.*) ; si au contraire leur
administration se trouvait divisée, alors l'autorisation
de tous les tuteurs était nécessaire : il eût été ridicule
en effet qu'un tuteur n'eût pas été averti d'un événement qu'il avait intérêt à connaître puisqu'il mettait
fin à la tutelle ; la même décision s'appliquait aux
curateurs (C. L. 5, *hoc tit.*).

L'adrogation, étant un acte solennel par lequel l'a-
drogé non-seulement et tous les enfants qu'il avait sous
sa puissance, mais encore ceux qui étaient simplement
conçus au moment de l'adrogation, et ceux qui, après
l'adrogation, éprouvaient les bienfaits de la fiction du
postliminium (D. L. 15 *De Adopt.*), passaient sous la
puissance de l'adrogeant, ne pouvait, primitivement,
avoir lieu qu'à Rome, car c'était dans cette ville seule
que se réunissaient les comices par curies : *Illa adoptio quæ per populum fit nusquàm nisi Romæ fit* (Gaïus,
Comm. 1, § 100). Quand les rescrits impériaux eurent
remplacé les anciennes formes prescrites pour l'adrogation, celle-ci put alors avoir lieu en province aussi
bien qu'à Rome (C. L. 6 *De Adopt.*).

L'adrogation, étant, comme l'adoption proprement
dite, un acte solennel, ne pouvait, pas plus que celle-ci,
se faire *per procuratorem* ; l'adrogeant et l'adrogé
devaient donc être présents (D. L. 24 et 25, § 1, *De
Adopt.*) ; elle ne pouvait admettre aussi ni terme, ni
condition, la qualité de fils n'étant pas de nature à se
plier à toutes ces modalités.

SECTION II.

CONDITIONS EXIGÉES POUR L'ADROGATION.

Parmi les personnes qui jouaient un rôle important dans l'adrogation, nous avons cité l'adrogeant et l'adrogé ; nous avons vu aussi que l'adrogation était précédée d'une enquête faite par l'autorité pour s'assurer si l'adrogeant et l'adrogé remplissaient les conditions requises par la loi pour l'adrogation : nous avons donc à examiner maintenant quelles conditions il fallait remplir pour adroger ou pour être adrogé.

Pour pouvoir adroger il fallait avant tout être citoyen romain et remplir en outre les conditions exigées dans l'adoption proprement dite (1). Quant à l'âge de l'adrogeant, la loi voulait qu'on recherchât s'il avait atteint l'âge de soixante ans (D. l. 15, *De Adopt.*) : elle préférait qu'avant cet âge il demandât à la nature la postérité qu'il n'avait pas, ne voulant pas, par une indulgence trop grande, éloigner les citoyens du mariage. Toutefois si l'adrogeant était d'un état maladif, ou s'il alléguait de justes motifs à l'appui de sa demande, v. g. : si après avoir été émancipé, il voulait adroger l'enfant qu'il avait laissé sous la puissance de son père et qui par la mort de celui-ci était devenu *sui juris*, la loi ne pouvait en effet rejeter une telle demande alors qu'elle paraissait dictée par l'amour paternel, et le défaut d'âge, dans ce cas, cessait d'être un obstacle à l'adrogation

---

1. Les sourds et les muets, qui n'avaient pas droit d'assister aux comices, étant supposés l'un ne pouvoir entendre, l'autre ne pouvoir être entendu, ne pouvaient adopter sous la forme de l'adrogation.

(*hac lege*). La loi voulait aussi , nous dit Ulpien (*hac lege*) que l'on cherchât si le mòtif de l'adrogation n'était pas honteux ni contraire aux bonnes mœurs : on devait examiner si l'adrogation était avantageuse pour l'adrogé , et le mobile qui poussait. l'adrogeant : de là l'impossibilité, pour le tuteur ou curateur, d'adroger son pupille mineur de vingt-cinq ans (D. l. 17, *De Adopt.*). La loi , en ce cas, redoutant l'influence que le tuteur ou curateur pouvait avoir conservée sur le pupille , craignait que l'adrogation ne fût un moyen cherché par le tuteur pour se soustraire à une reddition de comptes (*hac lege*). Toutefois l'empereur Antonin permit, par un rescrit, à un beau-père tuteur d'adroger son *privignus*; mais ici les considérations morales suffisent pour justifier cette exception (D. L. 32, *hoc tit.*). L'impossibilité pour le tuteur d'adroger son pupille cessait aussi lorsqu'il lui était uni par le lien de parenté naturelle (*cognatione naturali*) et qu'il y était poussé par l'affection sincère qu'il avait pour lui (*sanctissima affectione*). (D. L. 17, § 1 *De Adopt.*)

On reconnaît facilement, en examinant la loi romaine (D. tit. *De Adopt.*), que le magistrat chargé de l'enquête jouait un rôle important dans l'adrogation Il devait en effet, lorsqu'un citoyen voulait adroger et qu'il avait déjà un' ou plusieurs enfants, rechercher s'il y avait lieu de lui permettre d'en adopter d'autres , afin de l'empêcher par là de détruire les espérances de ses enfants nés *ex justis nuptiis*, ou d'enlever à ses enfants adoptifs, s'il en avait déjà , les avantages auxquels ils devaient s'attendre. On comprend sans peine que si la loi eût permis à un citoyen d'adroger selon son bon plaisir, il aurait pu arriver que les charges qu'il se serait créées par là lui étant devenues trop lourdes, il eût émancipé ses enfants qui auraient pu se trouver alors dans une situation très-fâcheuse : la loi romaine a donc fait preuve de sagesse en cherchant à prévenir cet abus.

Par suite de ces considérations, on ne pouvait, sans justes motifs, adroger plusieurs personnes. La loi, par exception (*interdum*), permettait d'autoriser l'adrogation d'une personne riche par une personne moins riche, alors qu'il était manifeste que celle-ci avait une vie très-sobre et que l'on savait que le motif qui lui faisait demander l'adrogation était honnête.

Telles étaient, en général, les conditions dans lesquelles devait se trouver celui qui voulait adroger. Quant à l'adrogé, il devait être *sui juris* : car s'il avait été sous la puissance d'un autre, il aurait alors fallu recourir à l'adoption proprement dite, ainsi que nous l'explique Modestin (D. l. 1, § 1, *De Adopt.*). L'adrogé devait en outre, à l'époque où l'adrogation se faisait par une loi curiate, avoir entrée dans les assemblées des comices : par là s'explique la prohibition portée par la loi contre l'adrogation des femmes et des impubères (Gaius, *Comm.* I, §§ 101 et 102 ; Ulp., tit. 8, § 5). Aulu-Gelle dit aussi pour justifier cette prohibition : *Quoniam cum feminis nulla comitiorum communio est* (*Nuits att.*, V, 19). Ce motif ayant disparu à l'époque où l'adoption et l'adrogation se firent *principali rescripto*, il est permis de croire qu'à partir de ce moment, les femmes ont pu être adrogées. Nous lisons en effet dans une Constitution qui figure au Code

(L. 8 *in fine, De Adopt.*) sous le nom des empereurs Dioclétien et Maximien : *Sui juris arrogatio feminœ, nisi ex nostro rescripto nunquàm procedit.* La loi 21 Dig. *De Adopt.*, attribuée à Gaïus, confirme aussi cette décision, mais alors on ne peut expliquer l'antinomie de cette loi avec le paragraphe 101 du *Comm.* 1 du même auteur que par une interpolation faite par les compilateurs du Digeste afin de la mettre en harmonie avec le droit de Justinien. Ces interpolations ne sont pas rares, d'ailleurs, dans le Digeste ; on en trouve encore une analogue dans la loi 2 pr. *De Adopt.*, qui n'est que le § 99 du *Comm.* I de Gaïus altéré et mis en harmonie avec la législation justinenne.

L'adrogation de l'impubère se trouve aussi permise, dans le dernier état du droit ; mais comme elle est soumise à des règles particulières et soulève aussi des difficultés, nous en ferons l'objet d'un appendice qui se trouvera plus loin.

Nous avons maintenant à nous demander si les affranchis pouvaient être adrogés. Aulu-Gelle (*Nuits att.*, IV, 19) nous dit qu'ils ne pouvaient pas l'être, surtout par des ingénus. Pothier (*Pan. Just.*, nᵒ 24) pense aussi qu'ils étaient incapables d'être adrogés, et il en donne pour motif qu'ils ne pouvaient faire partie des assemblées par comices. Aulu-Gelle (*loc. cit.*) ajoute qu'ils ne pouvaient être adrogés par des ingénus parce qu'on ne doit pas permettre que des affranchis acquièrent des droits d'ingénuité : *Ne libertini ordinis homines per adoptionem in jura ingenuorum irrepant vel invadant.* Cette dernière raison nous paraît susceptible de critique. Que l'adrogation fût faite par un ingénu ou par un affranchi, elle mettait civilement l'adopté dans la même position que si cet affranchi eût été l'enfant naturel de l'adrogeant : il devait donc dans l'un et l'autre cas acquérir les droits d'ingénuité. Et c'est précisément en ce point que dut se trouver l'un des principaux obstacles à l'adrogation de l'affranchi : car une pareille adrogation, en donnant à l'affranchi des droits d'ingénuité, eût en même temps enlevé au patron ses droits de patronage. Et cela est si vrai, que là où cet inconvénient n'existait pas, l'adrogation d'un affranchi pouvait être permise. Sous Dioclétien l'affranchi pouvait être adopté par son patron pour de justes motifs. C'est du moins ce qu'il nous est permis de conclure *a contrario* de la loi 3 *De Adopt.*, au Code. Par ce texte, Dioclétien refuse d'admettre l'adrogation d'un affranchi par son patron, parce que celui-ci n'a pas apporté de justes motifs à l'appui de sa demande : il l'eût donc admise si l'adrogeant avait eu des raisons suffisantes.

Il faut remarquer, comme nous le dit la loi 27 Dig. *De statu homin.*, que l'affranchi adrogé par son patron, tout en acquérant les droits d'ingénuité, ne devenait pas cependant ingénu.

Sous le droit de Justinien, l'adrogation d'un affranchi par un autre que par son patron continue d'être interdite (L. 15 *in fine* D. *De Adopt.*). Si cependant l'affranchi, en cachant sa qualité, était parvenu par ruse à se faire adroger, nous croyons qu'il semble résulter des textes (D. l. 49 *De bon lib.* : l. 10, § 2, *De in jus voc.*) que cette adrogation était valable, mais que le patron n'était pas privé de ses droits de patronage. Quoique l'adrogation, en effet, lui conférât des droits d'ingénuité, il n'aurait pu les invoquer au détriment des droits de patronage qui n'avaient pu s'éteindre sans la participation de celui qui les possédait.

Nous ne nous sommes pas demandé, en traitant de l'adoption proprement dite, si l'affranchi pouvait être donné en adoption. Cette question en effet dépendait essentiellement de la précédente. Par l'affranchissement l'esclave devenait *sui juris* ; or comment supposer qu'il y eût lieu de donner l'affranchi en adoption s'il n'avait été auparavant adrogé. Ainsi nous croyons que lorsqu'un affranchi avait été valablement adrogé, l'adrogeant pouvait le donner en adoption aussi bien que les autres personnes qui se trouvaient sous sa puissance. En effet la personne adrogée se trouvait sous la puissance de l'adrogeant comme si elle eût été issue de son mariage ; il s'en suivait donc qu'il pouvait fort bien donner en adoption à un tiers la personne qu'il avait adrogée. Gaïus (*Comm.* I, § 105) le dit dans les termes les plus formels.

SECTION III.

EFFETS DE L'ADROGATION A L'ÉGARD DE L'ADROGÉ ET DES PERSONNES SOUMISES A SA PUISSANCE.

Dans l'ancien droit, l'adoptant, comme l'adrogeant, acquérait toujours la puissance paternelle : les effets de l'adoption proprement dite furent modifiés ainsi que nous l'avons vu ; ceux de l'adrogation, au contraire, continuèrent à susbsister même sous le droit de Justinien : par l'adrogation, l'adrogeant voyait passer sous sa puissance non-seulement l'adrogé avec tous ses biens, mais encore toutes les personnes que celui-ci à ce moment avait sous sa puissance, ainsi que ceux qu'il pouvait avoir tant que durait l'adrogation (D. L. 15 pr. *De Adopt.*). L'adrogation atteignait donc dans ses effets et l'adrogé et ses biens et toutes les personnes composant sa famille.

L'adrogation attribuant, comme nous venons de le dire, la puissance paternelle à l'adrogeant, tout devait donc se passer dans la famille adoptive comme si l'adrogé eût été un fils de famille donné en adoption, qui postérieurement à son adoption aurait eu les enfants que son adrogation avait introduits dans cette famille : il n'y avait pas lieu de distinguer si les personnes qui étaient sous sa puissance étaient ses descendants naturels ou des personnes introduites dans sa famille par adoption ; d'après le droit civil, le résultat devait être le même dans l'un et l'autre cas : c'est ainsi que les Institutes (§ 11 *De Adopt.*) nous rapportent qu'Auguste ne voulut adopter Tibère qu'après que celui-ci eut adopté Germanicus, afin que, immédiatement après l'adoption, Germanicus se trouvât le petit-fils d'Auguste. En entrant dans la famille de l'adrogeant, les enfants de l'adrogé cessaient donc d'être sous la puissance paternelle de celui-ci, et ils y acquéraient civilement la même qualité que si, lors de leur conception, l'adrogé se fût trouvé dans la famille adoptive. Ainsi l'adrogé était-il adopté comme fils : ses enfants entraient dans la famille adoptive comme petits-fils de l'adrogeant ; dans l'adoption proprement dite au contraire, les enfants de l'adopté continuaient à rester sous la puissance de leur aïeul paternel (L. 40 pr. D.

Adopt.) : il existait donc sur ce point une différence profonde entre ces deux sortes d'adoption. Voici une autre différence que nous ferons aussi remarquer : par l'adoption proprement dite, le lien civil qui unissait l'adopté à ses agnats se trouvait complétement rompu ; par l'adrogation au contraire, bien que le lien civil qui le rattachait à ses agnats se trouvât aussi brisé, il subsistait cependant, malgré l'adrogation, un lien civil entre lui et les personnes qu'il avait sous sa puissance.

Quant aux biens de l'adrogé, les effets de l'adrogation durent subir les variations qu'éprouvèrent, à différentes époques, les biens acquis par les fils de famille. Primitivement, alors que tout ce que le fils de famille acquérait se trouvait appartenir au *paterfamilias,* l'adrogation, en conférant à l'adrogeant la puissance paternelle, lui faisait en même temps acquérir les biens de l'adrogé (Gaïus, III, 83); ce genre particulier de succession, nous dit le même auteur (*Comm.*, III, § 82), avait été établi *eo jure quod consensu receptum est.* Dès les premiers temps de l'Empire, on dut probablement excepter de cette règle les biens composant le pécule *castrans,* si l'adrogé avait été en puissance au moment de leur acquisition. Cette exception fut probablement étendue ensuite aux biens composant le pécule *quasi-castrans.* Sous le Bas-Empire, l'exception dut encore se généraliser et s'appliquer à la nue-propriété des biens qui, aux diverses époques, auraient formé le pécule adventice. Sous Justinien, sauf l'exception qui dans notre système aurait lieu pour les biens qui auraient composé son pécule *castrans* ou *quasicastrans,* tous les biens de l'adrogé forment son pécule adventice , et, par l'adrogation, l'adrogeant n'acquiert sur eux qu'un droit d'usufruit. Que si l'adrogé vient à mourir *in adoptiva familia,* l'adrogeant succède même à la propriété des *bona adventitia ,* pourvu que l'adrogé ne laisse ni postérité , ni frères ou sœurs (*Inst.*, § 2, *De adquisit. per adrog.* ; L. 11, C. *Communia de succes.* ; comp. *Inst.*, II, 9, §§ 1 et 2, *Per quas person nob. adquir.*).

L'adrogation faisait aussi subir civilement de grandes modifications au patrimoine de l'adrogé : en passant dans la famille adoptive, l'adrogé et les personnes soumises à sa puissance paternelle éprouvaient la *minima capitis deminutio* : or, dans le principe, ce changement d'état, en faisant de l'adrogé une autre personne civile, éteignait primitivement les droits d'usage et d'usufruit déjà ouverts en sa faveur ; elle mettait aussi fin aux *operarum obligationes* qu'il pouvait avoir sur ses affranchis ; enfin elle éteignait toutes celles de ses dettes qui étaient nées d'un contrat ou d'un quasi-contrat. Il fallait toutefois en excepter les obligations *quæ naturalem præstationem habere intelliguntur* comme la restitution de dot ou le dépôt (D. l. 21 pr. *Depositi*), ou qui résultaient de contrats fondés sur des qualités purement personnelles comme le mandat, la société (Gaïus, III, 84, et D. l. 8, *De cap. minut.*). Par exception encore, les dettes dont l'adrogé était tenu par suite d'une adition d'hérédité antérieure à l'adrogation, passaient à l'adrogeant : celui-ci devenait héritier à la place de l'adrogé, et par suite l'*æs hereditarium alienum* ne s'éteignait pas (Gaïus, *loc. cit.*). Quant aux dettes nées d'un quasi-délit, elles continuaient à exister : *Nemo delictis exuitur, quamvis capite minutus sit* (D., l. 2, § 3, *De cap.*

min.). Justinien de son côté décida qu'à l'avenir le droit
d'usufruit et le droit d'usage cesseraient de s'éteindre
par la *minima capitis deminutio* (Inst., § 1, *De adquisit.
per adrog.*) ; mais il maintint les autres effets produits
par ce changement d'état. Ainsi, d'après Justinien, les
operarum obligationes dues au patron qui se donne en
adrogation s'évanouissent ; seulement il n'indique pas,
comme Gaïus, qu'elles sont *per jusjurandum contractœ* :
à part les exceptions, les dettes de l'adrogé nées de
contrats ou quasi-contrats et avant l'adrogation se trouvent éteintes. Ce dernier résultat, contraire à l'équité, ne
pouvait manquer d'être corrigé par le droit prétorien :
il était en effet impossible d'admettre qu'il pût dépen-
dre du débiteur de se débarrasser ainsi de ses dettes :
aussi, dans ce cas, le préteur accorda aux créanciers
une sorte de *restitutio* contre cet effet par trop inique
de la *capitis deminutio* qu'impliquait l'adrogation (D.,
l. 2, § 1, *De cap. min.*). Ce n'était pas là cependant une
véritable *restitutio in integrum* qu'accordait le préteur :
nous pouvons en effet noter deux différences entre la
restitutio accordée ici aux créanciers par le préteur, et
la *restitutio in integrum* proprement dite. D'abord il était
de principe que le magistrat, avant d'accorder la *restitutio in integrum*, devait toujours prendre connaissance
des faits de la cause : il avait un pouvoir discrétionnaire pour l'accorder ou la refuser suivant les circon:-
tances : dans le cas qui nous occupe, au contraire, nous
ne voyons pas qu'une *cognitio causœ* dût précéder la
concession de l'action utile. De plus la *restitutio in integrum* devait toujours être demandée dans un certain
délai (L. 7, C. *De Temp. in integr. restit.*) ; au contraire

la personne dont le débiteur s'était donné en adrogation pouvait indéfiniment recourir au préteur ; Ulpien dit en effet : *Hoc judicium perpetuum est* (D., l. 2, § 5, *De cap. min.*). Dans le droit de Justinien on admet bien encore que l'adrogeant n'est pas tenu *ipso jure* des dettes qui pesaient sur la personne qu'il adroge ; mais, d'un autre côté, on n'exige plus des créanciers rien de semblable à cette espèce de restitution qu'ils devaient obtenir du préteur. Les Institutes nous disent que l'adrogeant *nomine filii convenietur* ; et s'il ne se présente pas pour le défendre, c'est-à-dire pour donner caution au créancier demandeur· (Inst. , § 5, *De Satisdat.*), le magistrat autorisera le créancier à se mettre en possession des biens ayant appartenu à l'adrogé (Inst. , § 3, *De adquisit. per adrogat.*).

Après avoir parlé des effets de l'adrogation quant aux personnes sous la puissance de l'adrogé et quant à son patrimoine , nous allons examiner ces effets relativement à la personne de l'adrogé lui-même.

Par l'adrogation, l'adrogé acquérait , dans sa famille adoptive, la même position que s'il y fût entré par l'adoption proprement dite , avec cette seule différence , que les personnes qui étaient soumises à sa puissance paternelle lors de l'adrogation se trouvaient civilement dans la même situation que s'il les eût engendrées postérieurement à son adoption.

Dans la famille naturelle de l'adrogé , l'adrogation produisait des effets divers, selon que celui qui en était l'objet se trouvait ou ne se trouvait plus dans sa famille naturelle au moment où l'adrogation avait lieu. L'adrogé était-il encore dans sa famille naturelle au moment de l'adrogation (ce qui arrivait quand il était auparavant devenu *sui juris* par la mort de son ascendant naturel), dans ce cas, l'adrogation devait avoir, à l'égard des membres qu'il avait dans sa famille naturelle, les mêmes effets que l'adoption proprement dite. Avait-il, au contraire, déjà cessé d'en être le membre d'après le droit civil : il fallait alors distinguer s'il en était sorti par l'adoption ou par l'émancipation. S'il s'agissait d'un enfant adoptif devenu *sui juris* par la mort de son père adoptif, son adrogation avait pour lui, vis-à-vis de sa famille naturelle et aussi vis-à-vis de sa première famille adoptive, les mêmes effets que si, après avoir été adopté, il eût été donné en adoption à celui qui l'avait adrogé, et que s'il eût engendré postérieurement à cette seconde adoption les personnes qui se trouvaient soumises à sa puissance paternelle. Enfin, si l'adrogé était déjà sorti de sa famille naturelle par l'émancipation, l'adrogation lui faisait perdre dans sa famille naturelle les droits que l'édit lui avait conservés. Il ne pouvait donc plus par exemple, en cas d'omission dans le testament de son père naturel, demander la possession *contrà tabulas*. De sorte que si un fils émancipé et omis dans le testament de son père naturel décédé s'était donné en adrogation avant d'avoir demandé la possession *contrà tabulas*, il cessait de pouvoir la demander (D. 1. 3, § 6, *De bon. possess. contr. tab.*). Cette possession lui était bien dévolue lors de son adrogation, mais elle ne lui était pas encore acquise, et après son adrogation il ne se trouvait plus dans le nombre de ceux auxquels le préteur l'accordait (Cujas, *ad hanc legem*). Toutefois si cet enfant émancipé, au

6

lieu d'être omis, avait été institué héritier et s'était en- suite fait adroger, il pouvait, *commisso per alium edicto*, demander la possession *contrà tabulas.* Comment son adrogation aurait-elle pu en effet lui enlever un droit qui lui eût été dévolu alors même qu'il se fût trouvé dans la famille adoptive ?

Quant aux droits de patronage, l'adrogation ne les faisait point disparaître ; l'affranchi, d'après Ulpien (D. 1. 10, § 2, *De in jus voc.*), ne changeait pas de patron par l'adrogation du sien. C'est ce que confirme Julien dans la loi 23 *De bonis libertorum*, au Digeste.

De ce que l'adrogation ne brisait pas les droits de patronage, nous pouvons en conclure aussi qu'elle n'é- eignait pas davantage la tutelle légitime que l'adrogé pouvait avoir sur son affranchi ; et dès lors il nous sem- ble qu'il faut admettre ici une exception à la règle si précise posée par Ulpien (*Reg. Jur.*, tit. xi, § 9) : *Legi- tima tutela capitis deminutione amittitur.*

Relativement au droit sacré et au droit public, l'adrogation produisait pour l'adrogé les mêmes effets que ceux produits par l'adoption proprement dite à l'égard de l'adopté, ainsi que nous l'avons dit plus haut ; outre cela l'adrogation produisait encore un effet re- marquable, elle faisait disparaître de la cité la famille de l'adrogé, laquelle se confondait avec celle de l'adro- geant : la cité toute entière était donc intéressée dans cet acte, ce qui nous explique le pouvoir discrétionnaire qu'avait en ce cas l'autorité pour accorder ou refuser l'adrogation selon qu'elle lui paraissait convenable ou non.

SECTION VI.

CAUSES DE DISSOLUTION DE L'ADROGATION.

L'adrogation, nous l'avons vu, transférait à l'adrogeant la puissance paternelle ; le même effet se produisait à l'égard de l'adoptant dans l'adoption proprement
dite ; le lien civil qui, dans ces deux cas, rattachait
l'adoptant et l'adopté, était par conséquent le même.
Or, nous en avons examiné, en traitant de l'adoption
proprement dite, les causes de dissolution ; nous pouvons donc dire qu'elles étaient les mêmes pour l'adrogation ; l'adrogeant pouvait aussi, en effet, faire sortir
l'adrogé de sa famille par une adoption proprement
dite, ou bien encore briser par l'émancipation le lien
civil qui l'unissait à l'adrogé.

Relativement aux enfants que l'adrogé avait lui-
même sous sa puissance au moment de l'adrogation et
qui étaient passés avec lui dans la famille de l'adrogeant, nous pouvons les regarder comme ceux que
l'adopté aurait eus après son adoption, et dès lors les
mêmes règles leur seront applicables pour les faire
sortir de leur famille adoptive.

Quant aux causes particulières que nous avons indiquées comme pouvant, dans certains cas, amener la
dissolution de l'adoption proprement dite, nous croyons
qu'on pourrait les appliquer aussi à l'adrogation.

APPENDICE.

DE L'ADROGATION DE L'IMPUBÈRE.

Nous avons déjà dit que primitivement l'impubère *sui juris* ne pouvait être adrogé. Aulu-Gelle (*Nuits att.*, V, 19), se référant à l'ancien droit, dit, d'une manière absolue, que cette adrogation n'était pas permise, et voici le motif qu'il en donne : *Tutoribus in pupillos tantam esse auctoritatem potestatemque fas non est, ut caput liberum, fidei suæ commissum, alienæ ditioni subjiciant.* Ulpien (*Fragm*, VIII, § 5) dit aussi, que, jusqu'au règne d'Antonin le Pieux, les impubères ne pouvaient être adrogés. Gaïus (*Comm.* I, § 102) est moins absolu, car il dit que cette adrogation était tantôt défendue, tantôt permise : il veut probablement dire par là que les comices et les pontifes, n'étant enchaînés par aucune règle positive, pouvaient user de leur omnipotence en consacrant une telle adrogation.

Tel était l'état de la législation, lorsqu'un rescrit d'Antonin le Pieux, adressé, selon Gaïus, aux pontifes, vint permettre d'une manière générale l'adrogation des impubères, sous certaines conditions (*cum quibusdam conditionibus*) toutefois, dont les unes étaient prescrites dans l'intérêt de l'impubère, les autres dans l'intérêt de certains tiers : ce sont ces conditions que nous allons examiner maintenant.

Avant tout, l'adrogation ne devait être confirmée que *causâ cognitâ* ; c'est-à-dire que préalablement au rescrit impérial d'autorisation, on recherchait si l'adrogation avait une cause honnête et si elle devait être avantageuse à l'impubère (*Inst.*, § 3, *De Adopt.*) : on devait s'informer aussi des mœurs de l'adrogeant, de l'honnêteté et de l'affection qui lui servaient de mobile ; on devait en outre comparer la fortune de l'adrogeant et celle de l'impubère , pour éviter qu'un homme avide ne se servît de l'adrogation dans le seul but de s'emparer des biens de l'impubère ; toutefois l'infériorité de l'une sur l'autre n'était pas absolument un motif pour empêcher l'adrogation, c'était à l'autorité qu'il appartenait de statuer en ce cas. Enfin tous ceux qu'un lien de parenté unissait à l'impubère devaient déclarer au préteur ou au président de la province , que cette adrogation devait être avantageuse à l'impubère (C. l, 2, *De Adopt.*).

Dans le même ordre d'idées, on décidait que l'adrogeant ne pouvait émanciper l'adrogé que pour de justes motifs, et que dans ce cas il devait lui rendre tous les biens qu'il avait reçus de lui ; que si l'adrogeant l'émancipait *sine justa causa*, ou l'avait exhérédé dans son testament, on décidait que l'adrogé, outre ses biens personnels, pouvait encore réclamer le quart des biens de l'adrogeant , ce que l'on appelait *quarte Antonine*. Ainsi donc l'adrogé avait droit à la restitution des biens que l'adrogeant avait acquis par suite de l'adrogation, dans ces trois cas : si l'adrogeant l'avait émancipé *cum justa causa*, s'il l'avait émancipé *sine justa causa*, s'il l'avait exhérédé. Dans les deux premiers cas la restitution pouvait être exigée immédiatement , car la cause qui attribuait à l'adrogeant les biens de l'adrogé, c'est-à-dire le lien civil produit par l'adrogation, ayant été brisé par l'émancipation, ses effets ne devaient pas lui survivre. Nous devons faire remarquer que du temps d'Antonin le Pieux l'adrogeant acquérait en pleine propriété tout ce que l'impubère possédait au moment de l'adrogation et tout ce qu'il pouvait acquérir ensuite ; tandis que du temps de Justinien l'adrogeant n'obtint plus que la jouissance des biens de l'adrogé ; la nue–propriété resta à celui–ci (Inst., § 1, *Per quas person. nob. adquirit.*; id. § 2, *De adquisit. per adrogat.*). Relativement à la quarte Antonine, l'adrogé n'y avait droit que s'il avait été émancipé *sine justa causa,* ou exhérédé par l'adrogeant : dans ce cas on ne distinguait pas si l'exhérédation avait eu lieu avec ou sans juste cause pour accorder la *quarte Antonine* à l'adrogé ; l'adrogant eût-il eu véritablement à se plaindre de l'adrogé, il pouvait alors l'émanciper, et ne devait pas différer à le punir par un acte de dernière volonté. La *quarte Antonine,* soit au cas d'émancipation *sine justa causâ* soit en cas d'exhérédation, ne pouvait être réclamée par l'adrogé qu'à la mort de l'adrogeant puisqu'elle était une partie de la succession de ce dernier. L'adrogé, dans ces deux cas, ne pouvant, à proprement parler, se présenter comme héritier de l'adrogeant, avait contre les héritiers une action *familiæ erciscundæ* utile, pour réclamer la *quarte Antonine* (Ulp., D. L. 2, § 1; *famil. ercisc.*). Le jurisconsulte Paul résume en ces termes les principes que nous venons d'exposer : *Constitutione D. Pii cavetur de impubere adoptando, ut ex bonis quæ, mortis tempore, illius qui adoptavit fuerunt, pars quarta ad eum pertineat qui adoptatus est ; sed et bona ei, quæ adquisiit patri, restitui jussit. Si causâ cognitâ emancipatus fuerit, quartam perdit* (D. L. 13, *Si quid in fraud. patri*).

La jurisprudence romaine avait décidé que les droits accordés à l'adrogé par la Constitution d'Antonin le Pieux ne lui étaient pas exclusivement personnels et qu'ils pouvaient aussi être exercés par ses ayants cause. Ulpien dit à ce sujet : *Si adrogator decesserit , impubere relicto filio adoptivo , et mox impubes decedat , an heredes adrogatoris teneantur ? Et dicendum est heredes quoque restitutos et bona adrogati et prætereà quartam partem* (D. , l. 22 , pr. , *De Adopt.*).

Nous avons à nous demander ici , avant de passer au second ordre d'idées que nous avons annoncé plus haut, quelle était la situation de celui qui , ayant été adrogé impubère , se trouvait encore sous la puissance de l'adrogeant au moment où il arrivait à sa puberté. Dans ce cas le droit commun lui devenait applicable : il devait alors être traité comme s'il eût été adrogé étant déjà pubère , et , soit que l'adrogeant l'émancipât ou l'exhérédat , il ne devait pouvoir , à cette occasion , exercer aucun droit particulier. Nous croyons cependant qu'il lui était permis, s'il trouvait que l'adrogation ne lui était pas avantageuse , de demander la *restitutio in integrum* , secours que le préteur accordait, en général, aux mineurs de vingt-cinq ans. C'est là, croyons-nous , ce qu'a voulu dire Marcien quand il dit : *Si pubes factus non expedire sibi in potestatem ejus redigi probaverit , æquum est emancipari eum a patre adoptivo , atque ità pristinum jus recuperare* (D. l. 33 , *De Adopt.* , et L. 32, pr.; *eod tit.*). Du reste , Ulpien dit positivement que même le pubère , mineur de vingt-cinq ans, qui s'était donné en adrogation , pouvait se faire restituer *in integrum* , s'il prouvait qu'il avait été *in ipsâ adrogatione circumventus* (D. l. 3 , § 6 , *De minor. viginti quinque ann.*).

Nous avons déjà dit que la Constitution d'Antonin le Pieux, tout en permettant l'adrogation de l'impubère, avait pourvu aussi à l'intérêt de certains tiers. Partant de l'idée que celui qui adrogeait un impubère ne devait pas chercher à réaliser un bénéfice, Antonin le Pieux voulait que l'adrogeant prît l'engagement envers un esclave public de rendre les biens de l'adrogé à ceux de ses héritiers qui les auraient recueillis sans l'adrogation. La promesse de restitution était faite à un esclave public par la raison bien simple qu'on ne pouvait sûrement connaître au temps de l'adrogation les personnes qui auraient recueilli les biens de l'impubère sans cette adrogation. S'agissait-il en effet de successeurs *ab intestat* : on connaissait bien ceux qui étaient alors les plus proches agnats de l'impubère, mais on ne connaissait pas ceux qui devaient être les plus proches agnats au moment de sa mort. S'agissait-il d'un substitué : peut-être son nom était-il encore inconnu (*Inst.*, § 3, *De pupill. subst.*), et même eût-il été connu, rien ne garantissait que ce substitué serait encore vivant et capable à la mort de l'impubère. Ceux qui devaient profiter de la promesse de l'adrogeant ne pouvant la recevoir elle était donc faite à un esclave du peuple romain (D. L. 18, *De Adopt.* ; C. L. 2 , *De Adopt.*), et voici comment on a interprété cette intervention d'un *servus publicus* : il faut savoir d'abord que lorsqu'un esclave appartenant à plusieurs maîtres stipulait nominativement pour l'un de ses maîtres, ce maître obtenait seul tout le bénéfice de la stipulation (*Inst.*,

§ 3 , De *stipul. serv.*) : or , a-t-on dit, le *servus publicus* peut être considéré, *utilitatis causâ*, comme appartenant en commun à tous les citoyens romains, et, par conséquent, ceux pour qui il stipule de l'adrogeant deviendront par son ministère créanciers de l'adrogeant. Cependant, comme le dit positivement Papinien (D. L. 40, *De vulg. et pup. subst.*), ces personnes n'avaient jamais contre l'adrogeant qu'une action utile. En effet le *servus publicus* n'avait en réalité qu'un seul maître, le peuple romain, et n'appartenait point par indivis aux différents citoyens. Quoi qu'il en soit, il n'est plus question, dans les *Institutes* (§ 3, *De Adopt.*), d'un *servus publicus* : nous y lisons en effet que l'adrogeant s'obligeait envers une *persona publica*, c'est-à-dire envers un *tabularius*. Ce *tabularius* était une espèce de notaire ou greffier, et, d'après une Constitution des empereurs Honorius et Arcadius (C. L. 3, *De tabulariis*), ces fonctions ne pouvaient être occupées que par un homme libre.

L'adrogeant s'engageant, comme les textes le disent en termes généraux (*Inst.*, § 3, *De Adopt.* ; D. L. 20, *pr., eod. tit.*), à restituer les biens de l'adrogé, sous la condition que celui-ci mourrait *intra pubertatem*, l'obligation de l'adrogeant s'évanouissait de plein droit dès que l'adrogé arrivait à sa puberté.

L'adrogeant avec une *nuda repromissio* devait encore fournir une *satisdatio*, c'est-à-dire que son engagement devait être cautionné par des personnes solvables (D. L. 19, *De Adopt.*). Si l'on avait négligé de demander cette caution et que l'impubère vînt a mourir avant sa puberté, Ulpien accorde alors une action utile contre l'adrogeant : *Quæ satisdatio si omissa fuerit, utilis actio in adrogatorem datur* (L. 19 , § 1 , *ead. lege*). Cette *satisdatio* , d'après la loi 22 *ead. leg.* , n'avait d'effet que lorsque le pupille mourait avant sa puberté, et aussi, selon nous lorsqu'il était émancipé ou exhérédé avant d'être devenu pubère.

Parmi les effets particuliers produits par l'adrogation d'un impubère, nous devons signaler la fin de la tutelle à laquelle il se trouvait soumis : en effet les impubères *sui juris* étaient les seuls qui fussent en tutelle ; or l'adrogation, ayant pour effet de rendre l'impubère *alieni juris* , puisqu'elle le faisait passer avec sa famille sous la puissance de l'adrogeant, devait donc par cela même mettre fin à la tutelle à laquelle il était soumis.

Nous ferons remarquer , en terminant cet appendice, deux particularités de l'adrogation de l'impubère qui ne sont d'ailleurs que la conséquence de l'introduction de la quarte Antonine. En premier lieu , l'impubère adrogé ne pouvait jamais intenter la *querela inofficiosi testamenti adrogatoris* : nous avons vu en effet que cette voie n'était ouverte qu'à défaut de tout autre moyen pour arriver à la succession du défunt : or, d'après le rescrit d'Antonin, l'impubère, ayant droit au quart des biens de l'adrogeant, ne devait pas pouvoir intenter la *querela* contre le testament de celui-ci.

Nous avons vu aussi que l'adrogé institué par son père naturel était admis à la possession de biens *contra tabulas* , mais qu'alors lui ou son père adoptif était tenu du rapport envers sa famille naturelle. L'adrogé émancipé qui se trouvait omis dans le testament de son père naturel était admis aussi à cette *possessio* et sous la même condition de rapport. Avant que la quarte Antonine ne pût être considérée, à l'égard de la famille naturelle et en matière de rapport comme l'un des objets qui eût dû faire partie du pécule adventice, il y avait lieu de se demander si elle devait être comprise dans les objets sujets à rapport. L'affirmative ne pouvait être douteuse quand la quarte était déjà entrée dans le patrimoine de l'adrogé. Mais *quid* si l'adrogé avait simplement le droit de la demander ? Ulpien (D. l. 1, § 21, *De Coll. bon.*) distinguait si ce droit était ou non tel qu'à cette époque l'adrogé eût pu réclamer sa quarte. Si l'adrogé pouvait alors exercer son droit, la quarte était sujette à rapport ; mais si ce droit n'était pas ouvert, par exemple si l'adrogé était émancipé et que l'adrogeant ne fût pas encore mort, cette quarte n'était pas comprise dans le rapport.

Pour terminer l'étude de l'adoption en droit romain, nous dirons quelques mots d'une espèce particulière d'adoption, dont les auteurs non juridiques nous parlent, et appelée *adoption testamentaire.*

Cette adoption imparfaite, il est vrai, se faisait par testament, comme son nom l'indique, et nous voyons des personnes *sui juris* adoptées de cette manière. Ainsi Suétone dit en parlant de Jules César : *Novissimo testamento tres instituit héredes ,sororum nepotes, C. Octavianum ex dodrante , et L. Pinarium et Q. Pedium ex quadrante reliquo ; in unâ cerâ C. Octavianum etiam in familiam nomenque adoptavit* (Jules César, n° 83). Cette adoption ne pouvait produire la puissance paternelle puisque l'adoptant était mort; d'un autre côté, l'adopté n'entrait point dans la famille de l'adoptant, elle lui

donnait seulement des droits à la succession de l'adoptant dont il devait porter le nom, à moins qu'il n'eût
une excuse légitime, par exemple si ce nom avait une
triste célébrité (D., l. 63, § 10, *ad* S.-C. *Trebell.*). Cette
prétendue adoption n'avait donc point d'effet en droit :
la loi des Douze Tables qui avait établi le droit et la
liberté de tester, pas plus qu'aucune autre loi, n'avait
en effet reconnu une pareille adoption. Mais nous avons
vu qu'une adoption qui ne valait pas d'après le droit
pouvait être confirmée par le peuple ou par le prince
(D. l. 38, *De Adopt.*) : c'est du reste ce qui eut lieu pour
l'adoption d'Octave par Jules César : elle fut confirmée
par une loi curiate.

Cet usage, qui s'était introduit dans les derniers
temps de la République, de déclarer dans son testament
que l'on considérait un tel comme son fils, existait-il
encore à l'époque de Justinien ? Nous n'avons aucun
texte qui nous permette d'affirmer que cette espèce
d'adoption se pratiquât encore ; toutefois il semblerait
que cette adoption n'était pas méconnue alors, car
nous trouvons au Digeste un fragment de Modestin qui
suppose une adoption de ce genre ; il dit en effet : *Gaius
Seius decedens testamento ordinato, inter filios suos Julium
libertum suum, quasi et ipsum filium, ex parte heredem
nominavit* (D. l. 12, *De jure Patronatûs*).

DROIT FRANÇAIS.

DE L ADOPTION ET DE LA TUTELLE OFFICIEUSE.

—

C'est en vain que l'on ferait des recherches dans les monuments historiques de notre ancien droit, pour y découvrir le caractère de l'adoption proprement dite , le caractère d'un acte de l'état civil produisant des rapports fictifs de paternité et de filiation. On y lit bien que l'adoption a eu lieu en France, mais, en consultant ces documents , on voit que ce n'était là que l'ombre de l'adoption ; « le mot était resté, mais la chose avait disparu » (Grenier , Discours historique de l'adoption).

Nous trouvons dans notre histoire des exemples d'adoption sous les rois de la première et de la deuxième race, mais ce ne sont point là des adoptions proprement dites , et il n'est guère possible d'y voir autre chose que tantôt un signe d'attachement ou de protection , tantôt la désignation de successeurs ou la déclaration de leur majorité , alors que dans ces temps il n'existait aucune loi pour réglementer ces choses, et parfois l'adoption se faisait au moyen de cérémonies singulières et bizarres : ainsi Alaric, roi des Goths, adopta Clovis en lui coupant la barbe ; nous, voyons encore que Gontran, d'après un usage des Germains (Montesquieu, *Esprit des Lois*, liv. 18, ch. 28) voulant déclarer majeur son neveu Childebert et l'avoir pour successeur, lui remit des armes dans une assemblée du peuple en disant : « Vous voyez que mon fils Childebert est devenu un homme ; obéissez-lui. » Heinneccius (*Elem. juris germ.*, liv. 1, tit. 7), qui nous parle de ces différentes sortes d'adoption, ajoute : *Per arma adoptatus filii quidem vel nepotis nomen sumebat, sed sine effectu civili, quum nec in patriam potestatem perveniret, nec hœreditatis esset particeps.* Suivant M. Michelet (*Origines du droit français*, p. 13), l'adoption par les armes, n'impliquant aucune infériorité du côté de l'adopté, était une fraternité plutôt qu'une paternité. Quoi qu'il en soit, nous voyons encore, en consultant les capitulaires relatifs à l'adoption et les anciennes formules qui s'y rapportent, qu'il n'y est question que de faire un héritier, quoique le mot adoption soit employé. Un Capitulaire du roi Dagobert porte que tout homme qui n'aura point d'enfants pourra, avec la permission du monarque, adopter telle personne qu'il voudra pour son héritier, et que l'adoption se fera, ou par un acte, *per scripturarum seriem*, ou par la tradition des biens de l'adoptant à l'adopté en présence de témoins (Baluse, t. 1, p. 39, t. 48). On trouve une partie de ces dispositions dans un autre Capitulaire tiré de la loi des Lombards, sous Charlemagne : *Qui filium legitimum non habuerit et alium quemlibet heredem sibi facere voluerit, coram comite, vel coram rege et scabinis, vel misso dominico qui tunc ad justitiam faciendam, in provinciâ fuerint ordinati*, *traditionem faciat* (Lendenbroge, p. 608, t. 1). Les formules de Marculfe et de Sirmond contiennent aussi des modèles d'actes intitulés actes d'adoption, quoiqu'ils ne soient en réalité, suivant la remarque de Denisart, que des pactes de succéder.

On voit, en consultant les mémoires de l'ancienne chevalerie par Lacurne de Sainte-Palaie, qu'il y a eu aussi une espèce d'adoption appelée *fraternité d'armes* ; mais elle n'était que le signe d'une étroite amitié pour ceux entre lequels elle se formait. (Partie 5, t. 1, p. 227).

Lobineau, dans son Histoire de Bretagne (t. 1, p. 63), rapporte un acte par lequel une dame Roïantdrech, ayant perdu son fils et ayant encore ses deux filles, adopta pour fils un duc de Bretagne nommé Salomon. Cet acte est du neuvième siècle : *Cum enim legaliter liceat unicuique nobilium.... quemlibet filium super eam* (hereditatem) *adoptare, idcirco Roïantdrech adii venerabilem principem Salomonem,. ipsumque, quasi proprium filium et ex carne meâ genitum, super totam meam hereditatem recepi... Et quamdiu vixero ipse me custodiat ac defendat super hoc quod teneo et post mortem meam totum recipiat, nisi quantum illi placuerit filiabus meis, id est sororibus ejus dare.* Les termes dans lesquels cet acte est conçu sembleraient faire croire qu'il n'a pas eu seulement pour objet de régler les effets pécuniaires de l'adoption vis-à-vis de l'adopté, comme dans les Capitulaires précités, mais que la disposante a voulu avoir aussi l'adopté *loco filii* : les auteurs ne sont pas d'accord à ce sujet ; nous croyons cependant que l'on ne doit voir dans cet acte qu'une institution d'héritier, dont les circonstances suffisent à justifier les dispositions. En effet, suivant l'usage de ces temps, quand on voulait assurer sa succession à tous autres qu'aux héritiers de droit, on disait : *facere sibi heredem, adoptare super hereditatem suam* ; on choisissait un héritier qui tenait lieu de fils relativement aux collatéraux. De tous ces exemples on peut conclure que le mot *adoption* était employé avec des acceptions bien différentes, et nous croyons que si des rapports fictifs de paternité ou de filiation avaient résulté de ces actes, nous trouverions assurément des textes qui les auraient réglementés, et c'est l'absence de ces textes qui nous autorise à soutenir l'opinion que nous venons d'émettre.

- Lorsque le système féodal s'établit en France, l'adoption étant trop contraire aux droits éventuels des seigneurs sur les fiefs, une règle fut admise qui prohiba la succession de l'adopté aux fiefs : *Adoptivus filius in feudum non succedit* (Code *de usibus feudorum*, liv. 2, tit. 26). Aussi voyons-nous, à cette époque, l'adoption tomber en oubli, et, comme le dit Merlin (*Rép.*, v° *Adoption*, § 3, p. 132), pendant sept siècles consécutifs, il n'en fut plus question.

Quoi qu'il en soit de l'ancien usage, nous voyons, par les écrits de nos anciens jurisconsultes, qu'avant le Code, l'adoption, dans l'ordre civil, ne produisait point d'effet en France. Dumoulin (*in Cons. par antiq.*, § 2, gl. 2, n° 10) n'en parle que comme d'un droit particulier aux Romains : *Adoptio peculiare jus et Romanis*. Massuer (*Pratique*, tit. 16, n° 38) dit : « Les enfants adoptifs ne peuvent succéder par la coutume. » Bacquet (*Droit d'aubaine*, part. 3, ch. 4, n° 7 et 8) exprime la même opinion : « En pays coutumier de France les adoptions ne sont reçues, et les enfants adoptés ne succèdent point. « Et quoique Bacquet ne parle que du pays coutumier, « la vérité est », remarque Denisart, *eod.* § 3 n° 6, » que l'adoption n'est pas plus en usage dans nos provinces de droit écrit, que dans nos provinces de droit coutumier ». Toutefois l'article premier de la coutume de Saintonge ou de Saint-Jean-d'Angély parle d'une sorte d'adoption qu'elle autorisait ; mais ce n'était là qu'une institution d'héritier ou d'affiliation donnant le droit de succéder par tête avec les autres enfants. Nous voyons aussi, comme le dit Merlin (*loc.-cit.*, § 1, n° 4), que l'hôpital de la Charité de Lyon avait le droit d'adopter les enfants abandonnés, depuis l'âge de sept ans jusqu'à quatorze, d'exercer sur eux la puissance paternelle, et de leur succéder à défaut de frères ou sœurs. Denisart (n° 19) dit que l'hôpital du Saint-Esprit à Paris avait le même droit ; mais ce n'était là qu'une exception.

Tel était l'état d'oubli et de désuétude dans lequel se trouvait l'adoption lorsqu'éclata la Révolution. L'adoption était une institution trop en harmonie avec les besoins de la nature humaine pour qu'elle ne fût pas réclamée comme un bienfait dont on devait s'empresser de doter le pays : aussi, dans la séance de l'Assemblée nationale du 18 janvier 1792, un décret fut rendu, portant que le comité de législation comprendrait, dans son plan général des lois civiles, celles relatives à l'adoption : ce décret relatif à l'adoption ne fit qu'en établir le principe, mais il n'en détermina ni la nature, ni la forme, ni les effets. Les citoyens, profitant du principe, se

7

hâtèrent d'en user sous diverses formes ; le législateur lui-même en donna l'exemple : la Convention adopta la fille de Lepelletier Saint-Fargeau tué dans un café par un garde du corps qui lui reprochait d'avoir voté la mort de Louis XVI. Plusieurs années s'écoulèrent ainsi sans que l'adoption se trouvât soumise à des règles fixes, et cet état de choses ne cessa que onze ans après (2 germinal an XI : 23 mars 1803), époque à laquelle fut décrété le titre VIII du Code Napoléon, titre relatif à l'adoption. L'enfantement de cette loi fut en effet pénible et laborieux, car on avait à lutter contre des préventions de plus d'un genre, et, en lisant les travaux préparatoires du Code, on peut remarquer la diversité d'opinions qui se produisirent dans la discussion. Admise par Chambacérès dans ses divers projets de Code civil, l'adoption ne figurait pas dans le dernier projet de ce Code rédigé par Tronchet, Bigot-Préameneu, Portalis et Malleville ; mais les observations du Tribunal de Cassation et de quelques tribunaux d'appel déterminèrent la section de législation au Conseil d'Etat à proposer une loi sur cette matière. Le projet de loi proposé ne fut adopté qu'après sept rédactions successives : l'adoption en effet avait été loin de présenter à tous le même intérêt, et avait été envisagée à des points de vue bien divers. Un grand nombre de Conseillers d'Etat avaient voulu la repousser comme entièrement inutile, dangereuse et même immorale. Parmi ceux qui l'admettaient, les uns voulaient en faire une institution publique, les autres une institution privée. Ceux-là même qui la proposaient comme une institution privée ne s'accordaient pas entre eux sur

son caractère et sur ses effets. Le premier Consul voulut
d'abord que l'adoption fût une imitation parfaite de la
nature, « ou plutôt, nous dit Locré, une institution qui
détruisît celle de la nature : le fils ne devait plus connaître que son père adoptif ; il devait même le préférer
au père qui lui avait donné la vie ». Un pareil système
ne se trouvait nullement en harmonie avec les mœurs
françaises de cette époque. Le premier Consul lui-même
ne tarda pas à le reconnaître, et, lors de la reprise
de la discussion du Code civil, après onze mois
d'interruption, il proposa le système qu'auparavant il
avait repoussé avec vigueur et dont le véritable point
de départ se trouvait dans le Code prussien. L'adoption
devait se borner à une création de rapports juridiques
entre l'adoptant et l'adopté, sans opérer aucun changement de famille. M. Berlier fut chargé de présenter
l'exposé des motifs du projet de loi relatif à l'adoption
et à la tutelle officieuse définitivement arrêté par la
section de législation : le rapport au Tribunat fut fait
par M. Perreau, et le vœu du Tribunat fut présenté au
Corps Législatif par le tribun Gary dans la séance du
2 germinal an XI ; le projet fut adopté le même jour et
la loi promulguée le 12 du même mois (23 mars —
12 avril 1803). Cette loi, dite du 2 germinal an XI, est
devenue le titre VIII du Code civil.

Nous avons vu, plus haut, que la loi de 1792 s'était
bornée à poser le principe de l'adoption et qu'entre
cette loi et la promulgation du titre VIII de notre Code,
de nombreuses adoptions avaient eu lieu : or que devait-
on décider relativement à ces adoptions ? Leur appliquer les règles de notre titre, c'eût été lui faire pro-

duire un effet rétroactif ; d'un autre côté, il y eût eu
une profonde injustice à déclarer nuls des actes que le
législateur avait jugé à propos d'admettre en principe
avant d'en déterminer l'organisation, actes dont le seul
tort était de s'être produits avant cette organisation.
Une loi spéciale devenait donc nécessaire pour en déterminer le sort : elle ne se fit pas attendre ; elle fut votée
vingt-trois jours après le décret du titre de l'adoption,
(27 germinal — 5 floréal an XI).

Cette loi valida toutes les adoptions faites par acte
authentique depuis le 18 février 1792 jusqu'à la publication du titre de l'adoption, sans rechercher si elles
étaient ou non accompagnées des conditions imposées
depuis pour adopter ou être adopté. En outre, ceux
qui avaient été adoptés étant mineurs eurent pendant
trois mois, à partir de la promulgation de cette loi, la
faculté de renoncer à l'adoption. S'ils étaient encore
mineurs lors de cette promulgation, ce délai de trois
mois ne devait commencer à courir que du jour de
leur majorité.

Quant aux effets de ces adoptions, le législateur distinguait s'ils avaient été ou non déterminés par acte
authentique ou par jugement passé en force de chose
jugée. En cas d'affirmative, ces actes devaient être
exécutés suivant leur forme et teneur. Mais si les droits
de l'adopté étaient inférieurs à ceux accordés par le
titre de l'adoption, les autres pouvaient lui être conférés par une nouvelle adoption faite conformément
aux règles de ce titre, mais sans autres conditions de
la part de l'adoptant que d'être sans enfants ni descendants légitimes, d'avoir quinze ans de plus que

l'adopté, et, si l'adoptant était marié, d'obtenir le consentement de l'autre époux.

En l'absence ou à défaut de toute espèce d'acte authentique spécifiant ce que l'adoptant avait voulu donner à l'adopté, celui-ci devait jouir de tous les droits accordés par le titre de l'adoption. Toutefois l'adoptant pouvait, pendant six mois, à partir de la promulgation de cette loi, déclarer valablement, devant le juge de paix de son domicile, que son intention n'avait pas été de conférer à l'adopté tous les droits de successibilité qui appartiendraient à un enfant légitime. Cette déclaration faite régulièrement réduisait les droits de l'adopté, quant à la successibilité, au tiers de ceux qui auraient appartenu à un enfant légitime.

Dans tous les cas l'adopté restait dans sa famille naturelle : l'obligation de se fournir des aliments dans les cas prévus par la loi était commune entre l'adoptant et l'adopté ; l'adopté devait ajouter à son nom propre celui de l'adoptant; enfin le droit de succession anomale sur les biens de l'adopté ou de ses descendants devait avoir lieu en faveur de l'adoptant ou de ses descendants de la même manière que si l'adoption avait été faite postérieurement à la promulgation de notre titre.

Telle fut la loi qui vint compléter les dispositions du décret du 18 janvier 1792 : cette loi, par les actes auxquels elle s'applique, doit être considérée comme faisant partie du droit intermédiaire.

Comme nous n'étudions ici que le droit privé, nous n'avons nullement à nous occuper des adoptions qui par leur nature sortent complétement de son domaine.

Le décret du 25 janvier 1793, par lequel la Convention nationale adopta la fille de Lepelletier, les autres lois relatives aux adoptions nationales, les dispositions législatives rendues à diverses époques et concernant l'adoption par l'empereur ou par la famille impériale restent donc entièrement en dehors de notre sujet.

Le législateur en admettant l'adoption avait un écueil à éviter : il avait à craindre qu'une adoption trop facile ne détournât du mariage, qu'elle ne cachât sous le manteau d'un acte noble et généreux des passions viles et honteuses : il ne devait pas cependant la soumettre à des formalités exagérées, car en voulant éviter un mal il pouvait tomber dans un autre, c'était d'éloigner les citoyens de l'adoption au lieu de les y attirer. Nous dirons, en finissant ce travail, quelles conclusions nous devons tirer à ce sujet de l'étude du titre relatif à l'adoption.

Institution de droit privé, l'adoption a un double but : « Par elle, nous dit Proudhon, l'orphelin retrouve un père, la faiblesse un protecteur et la jeunesse un guide. » Par elle aussi, celui qu'un mariage stérile, l'âge ou toute autre infirmité prive de l'espoir d'avoir un enfant se crée un continuateur de son nom et un soutien de sa vieillesse ; elle console encore par une paternité fictive celui que la mort a frappé dans ses descendants. Ajoutons qu'elle crée aussi un nouveau moyen de récompenser le courage et le dévouement de celui qui n'a pas craint de mettre sa vie en péril pour sauver celle de son semblable.

L'adoption, qui, ainsi que nous l'avons dit plus haut, se borne à une création de rapports juridiques entre l'adoptant et l'adopté, sans opérer de changement de famille, peut être définie : un contrat solennel sanctionné par la justice établissant entre deux personnes soit des rapports de parenté qui n'existaient entre elles à aucun titre, soit des rapports de parenté autres que ceux qui les unissaient déjà. On peut distinguer en droit français trois espèces d'adoption, savoir : 1° l'adoption ordinaire; 2° l'adoption rémunératoire ou privilégiée; 3° l'adoption testamentaire. Nous consacrerons un chapitre spécial à l'étude de chacune de ces adoptions, et nous ferons de la tutelle officieuse l'objet d'un Appendice.

CHAPITRE PREMIER.

DE L'ADOPTION ORDINAIRE.

L'adoption ordinaire, nous dit Proudhon, est celle qui a le caractère d'une pure libéralité de la part de l'adoptant : elle est soumise à toutes les conditions établies par la loi afin de réglementer la situation dans laquelle devaient se trouver l'adoptant et l'adopté par rapport l'un à l'autre pour que l'adoption pût s'accomplir : ce sont ces conditions que nous allons examiner dans la section suivante.

SECTION I.

DES CONDITIONS AUXQUELLES EST SOUMISE L'ADOPTION ORDINAIRE.

Quant à l'adoptant, le texte de la loi exige de sa part six conditions particulières :

1° *L'adoptant de l'un et de l'autre sexe doit être âgé de cinquante ans révolus.*—Ce serait en effet une institution très-dangereuse si elle devait entrer en rivalité avec le mariage (1) : or , à cinquante ans, les personnes dont l'union a été jusque-là stérile n'ont guère l'espoir d'avoir une descendance légitime ; et, quant aux célibataires , il en est bien peu ; comme le disait M. Berlier dans son exposé des motifs , qui , après cinquante ans, songent au mariage , et, disons plus, il est peu dans l'intérêt social qu'ils y songent. Le législateur a donc sagement agi en posant cette règle , qu'il applique aux personnes de l'un et de l'autre sexe. Toutefois, nous devons dire, dès à présent, que nous ne croyons pas que notre Code, à l'exemple du Code prussien (art. 669), permette au chef de l'Etat d'accorder des dispenses d'âge : la règle posée dans l'article 343 du Code Napoléon est absolue.

2° *L'adoptant ne doit avoir, au moment de l'adoption , ni enfants ni descendants légitimes.* (Art. 343.) — L'adoption, en effet, n'a été établie que pour ceux qui n'ont pas de postérité légitime ; la loi ne voulait pas qu'elle pût porter préjudice aux enfants nés du mariage. Ainsi donc , dans tous les cas , la présence d'un enfant ou d'un descendant légitime fait obstacle à l'adoption, et il en est ainsi alors même que l'ascendant a contre lui de justes motifs de désaffection. Mais un enfant naturel reconnu n'empêcherait pas l'adoption de pouvoir s'accomplir : l'article 343 ne parle en effet que de postérité *légitime.* Nous croyons aussi qu'une personne peut adopter

---

(1) Melius est de liberis procreandis cogitare quàm ex familiâ alienâ quemquam redigere in suam potestatem. (L. 17, § 2. D. De Adopt.)

plusieurs enfants soit par le même acte, soit successivement, saufs aux magistrat à examiner l'opportunité
de ces adoptions : l'article 348, qui prohibe le mariage
entre les enfants adoptifs d'un même individu, vient
confirmer cette opinion. L'art. 343 ne parlant que des
enfants et descendants légitimes vivants *au moment* de
l'adoption, nous devons en conclure que si, *postérieurement* à l'adoption, il survenait à l'adoptant un descendant légitime, le lien déjà créé et les droits acquis n'en
souffriraient aucune atteinte. Nous en dirons autant de
l'enfant qui n'aurait été légitimé que postérieurement
à l'adoption.

Mais que décider lorsqu'il survient à l'adoptant et
postérieurement à l'adoption un enfant ou descendant
légitime, qui était déjà conçu au moment où cette adoption a eu lieu ? Nous croyons que l'on doit décider que
l'adoption, dans ce cas, n'est pas valable. Les principes de l'adoption qui nous montrent le législateur ne
voulant permettre l'adoption qu'à ceux qui n'avaient
plus l'espoir d'obtenir une postérité légitime, la règle
*infans conceptus pro nato habetur quoties de commodis ejus
agitur*, règle admise en faveur de l'enfant pour les successions et donations et qui évidemment doit s'appliquer
dans le cas actuel, nous porte à en décider ainsi. Sans
doute la validité de l'adoption sera en suspens, mais
cette incertitude ne sera pas de longue durée ; de plus,
elle ne contrarie pas juridiquement le caractère d'irrévocabilité qui s'attache à l'adoption, puisque, s'il naît
un enfant viable, l'adoption sera réputée n'avoir pu
valablement se former.

Nous dirons aussi que l'absence présumée ou déclarrée de l'enfant légitime de celui qui veut adopter est encore un obstacle à la formation de l'adoption. L'adoptant en effet, ne pouvant prouver la mort de cet enfant, ne se trouve pas dans la situation exigée par l'art. 343 C. N. Cependant si , malgré cet obstacle , l'adoption s'était formée , elle ne devrait pas être déclarée nulle de plein droit, car si le décès de cet absent est incertain , son existence est loin d'être certaine : ce sera donc au demandeur en nullité à prouver que l'adoption n'a pu être valablement faite.

3° *L'adoptant doit avoir au moins quinze ans de plus que l'adopté.* — L'adoption , outre qu'elle imite jusqu'à un certain point la nature, est une consolation pour l'adoptant et une protection pour l'adopté : nous pouvons donc dire que sans cette condition la protection légale qui doit résulter de l'adoption perdrait toute sa dignité. (Berlier , *Exposé des motifs.*)

4° *L'adoptant qui est marié doit obtenir le consentement de son conjoint.* — L'harmonie qui doit régner entre les deux époux l'exigeait ainsi ; c'est un hommage rendu aux devoirs réciproques que se doivent les deux époux : sans cela la présence de l'enfant adoptif serait peut-être pour les époux une cause de troubles et de désunion : cette adoption peut en effet porter atteinte aux conventions matrimoniales des deux époux et aux droits que le conjoint de l'adoptant peut avoir sur les biens de celui-ci ; l'adopté qui se trouve dans le besoin peut réclamer des aliments de la part de l'adoptant ; lors du décès de l'adoptant, il a droit de faire réduire les donations et les legs qui entament sa réserve , quand même ces libéralités auraient été faites au conjoint de l'adoptant et par leur contrat de mariage ; enfin si l'adoptant ne laissait ni parent au degré successible, ni enfant naturel , son conjoint se trouverait frustré, par l'adopté, de sa succession *ab intestat* (art. 350-767 C. N.).

La disposition de l'art. 344 C. N. est réciproque pour le mari comme pour la femme ; cet article exige le consentement et non simplement le conseil ; nous croyons aussi que le consentement du conjoint serait nécessaire alors même que les deux époux seraient séparés de corps : l'art. 344 en effet est absolu ; d'ailleurs la plupart des causes que nous venons de considérer continueraient d'exister ; il pourrait même se faire que cette adoption à laquelle l'autre époux n'aurait pas consenti, affaiblît davantage la possibilité d'un rapprochement entre les époux. (Riffé, *De l'adoption*, p. 46.)

5° *L'adoptant doit avoir donné à l'adopté, pendant six années de sa minorité, des secours et des soins non interrompus.* (Art. 345. C. N.) — L'adoption ne doit pas être l'effet d'un premier caprice ; il faut que celui qui veut adopter fournisse les garanties nécessaires. C'est donc un temps d'épreuve obligatoire pendant lequel les parties pourront étudier leur caractère, et de cette façon l'adoption ne sera jamais le résultat d'une surprise ou d'obsessions.

6° *L'adoptant doit jouir d'une bonne réputation.* — Le législateur investit sur ce point les juges d'un pouvoir discrétionnaire : c'est à eux à faire les recherches nécessaires ; mais, afin de sauvegarder la réputation de l'adoptant , elles doivent être faites officieusement ; bien plus, la loi dispense même les juges d'énoncer le motif de leur décision, et, par ce moyen, elle ne présente pas l'inconvénient de détourner de l'adoption les personnes timides, par la crainte d'une investigation publique et minutieuse de leur vie privée.

Telles sont les conditions qui sont exigées par la loi, de la part de l'adoptant. Quant à l'adopté, la loi exige aussi de sa part certaines conditions tout à fait indépendantes de celles que doit remplir l'adoptant : elles sont au nombre de trois.

1° *L'adopté doit être majeur.* (Art. 346 C. N.) — L'adoption quoique n'étant pas une institution nécessaire et fondamentale, a cependant pour effet d'engager l'adopté dans des liens indissolubles : la loi devait donc exiger chez celui-ci une maturité d'esprit que n'a pas en général le mineur. Les projets de Code admettaient le mineur à l'adoption, sauf à demander la dissolution à sa majorité; c'est aussi pour aller contre ce principe, que les rédacteurs ont voulu que l'adopté fût majeur. Si cependant l'adopté ne pouvait représenter son acte de naissance, nous pensons, avec M. Demolombe, qu'un acte de notoriété rédigé d'après les art. 70 et 71 C. N. serait suffisant.

2° *L'adopté doit obtenir, lorsqu'il n'a pas encore vingt-cinq ans accomplis, le consentement de ses père et mère ou du survivant, et, s'il a plus de ving-cinq ans, il doit au moins requérir leur conseil.* (Art. 346.)

La loi a voulu, par cette disposition, protéger l'adopté contre son inexpérience, tout en le contraignant au devoir du respect qu'elle lui impose envers ses auteurs. Il y a, comme on le voit, une grande analogie entre l'adoption et le mariage, quant au consentement

et au conseil à demander aux père et mère. Toutefois
la loi laisse entre les deux cas des différences notables :
ainsi, pour le mariage, nous savons qu'en cas de dissentiment, le consentement du père suffit (art. 148
C. N.) ; ici au contraire la volonté du père perd sa pré-
pondérance, la loi exige le consentement des deux
parents ; toutefois si l'un des parents est mort, ou
que l'impossibilité dans laquelle il se trouve de pouvoir mainfester sa volonté soit bien établie, le consentement de l'autre parent suffira (Duranton, n° 289 ;
Delvincourt, t. 1, p. 256).

Il est des cas où la loi oblige l'enfant qui veut se
marier, à requérir plusieurs fois le conseil de ses père
et mère, par exemple quand le futur conjoint est une
fille majeure de vingt et un ans, mais mineure de
vingt-cinq ans, ou un garçon âgé de plus de vingt-cinq
ans, mais mineur de trente ans. En matière d'adoption, lorsque la loi impose à l'adopté l'obligation de
requérir seulement le conseil de ses père et mère, un
seul acte de réquisition suffit toujours ; peu importe
qu'il s'agisse d'un garçon ou d'une fille. A défaut des
père et mère, la loi exige pour le mariage le consentement des ascendants du degré supérieur ; pour l'adoption, la loi se montre moins sévère, ce consentement
n'est pas exigé (Comp. art. 148, 346 C. N.). Enfin pour le
mariage le consentement des père et mère n'est exigé,
pour les filles, que jusqu'à l'âge de vingt et un ans ;
pour l'adoption ce consentement est nécessaire aux gar-
çons comme aux filles jusqu'à l'âge de vingt-cinq ans
(Duranton, n° 289 ; Marcadé, art. 346).

On s'est demandé si deux époux pouvaient être

adoptés par la même personne. Les auteurs sont divisés à ce sujet. Quant à nous, nous croyons qu'une telle adoption doit être permise : la loi en effet ne la prohibe point, et s'il est vrai qu'elle défend le mariage entre les enfants adoptifs d'une même personne pour éviter des désordres dans les familles, ce motif n'a plus raison d'être ici puisque le mariage est antérieur à l'adoption. Le lien qui unit les deux époux est plus intime que celui de la fraternité civile produit par l'adoption, et ce dernier ne saurait servir de motif pour défendre cette adoption. (Marcadé, art. 349.)

Le conjoint d'un adoptant peut adopter, en son particulier, le conjoint de l'adopté. Si c'est le mari qui se donne en adoption, il n'a pas besoin pour cela du consentement de son conjoint, le mariage ne lui a pas enlevé en effet la capacité de contracter. Quant à la femme, nous croyons. au contraire, qu'elle aurait besoin, dans le même cas, de l'autorisation de son mari : l'adoption est en effet un contrat trop important pour qu'elle en soit dispensée ; toutefois la femme pourrait suppléer dans ce cas au refus d'autorisation maritale par l'autorisation de justice, mais alors les biens de la communauté ne sauraient être affectés de l'obligation de fournir des aliments à l'adoptant. (Duranton, nº 292.)

3º *Nul ne peut être adopté par plusieurs, si ce n'est par deux époux.* (Art. 344 C. N.) — Il paraîtrait en effet choquant que l'on pût donner plusieurs mères ou plusieurs pères adoptifs au même individu. D un autre côté, l'adoption d'une même personne par un homme et une femme qui ne sont pas époux pourrait éloigner les parents naturels du mariage en se présentant à eux comme une sorte de quasi-légitimation.

Si l'adoptant vient à mourir, nous ne croyons pas que l'adopté puisse être l'objet d'une nouvelle adoption, si ce n'est de la part du conjoint de l'adoptant primitif. Les termes de l'art. 344 C. N. sont en effet formels : « Nul ne peut être adopté par plusieurs », etc. Ainsi nous voyons une défense expresse écrite dans la loi, et pour y déroger, il faut un texte formel : or il n'y a d'exception que dans le cas où les deux personnes qui adoptent sont mariées : donc dans toute autre situation une personne ne peut être adoptée par plusieurs autres.

Telles sont les conditions spécialement exigées par la loi ; mais il va sans dire qu'il en est d'autres qui découlent des principes généraux, et que pour cette raison le législateur n'a pas cru devoir indiquer expressément dans le titre VIII. Il n'y a point de doute, par exemple, sur la nécessité du consentement des deux parties contractantes. Toutefois il s'en faut de beaucoup que l'on s'accorde sur la portée et l'étendue de ces principes généraux. La difficulté de leur application a fait naître plusieurs questions qui se trouvent encore aujourd'hui vivement controversées ; nous allons examiner les principales.

L'interdit judiciaire peut-il adopter pendant un intervalle lucide ? Nous n'hésitons pas à répondre négativement : la loi en effet, dans l'art. 502 C. N., déclare nuls *tous* les actes faits par l'interdit postérieurement à son interdiction ; elle ne reconnaît point en outre d'intervalles lucides : tant que l'interdiction dure, l'incapacité de l'interdit est absolue, c'est là une mesure d'ordre public : *Ordo publicus perpetuo clamat.* On peut objecter qu'une telle décision est bien cruelle pour l'interdit qui pourrait, dans certaines circonstances, faire une adoption à laquelle on ne pourrait rien reprocher ; cela est possible, mais la loi étant formelle relativement à l'incapacité de l'interdit, celui-ci ne saurait adopter tant que l'interdiction durera : le seul remède à apporter à cet état de choses est de faire lever l'interdiction, sauf aux tribunaux à décider si l'interdit est dans un état tel que cela puisse avoir lieu sans inconvénient.

On s'est demandé aussi si un étranger pouvait en France adopter un Français et réciproquement ? Pour qu'une telle adoption puisse avoir lieu, nous croyons que l'étranger doit remplir les conditions exigées par les art. 11 et 13 C. N. : la solennité des formes de l'adoption, leur importance et les garanties sérieuses qu'elles doivent donner à la société, ne permettent pas en effet qu'un étranger ordinaire puisse adopter ou être adopté (Cour de cass., 5 août 1823, 7 juin 1826).

Une question au sujet de laquelle la doctrine et la jurisprudence ont plusieurs fois changé d'opinion est celle de savoir si un enfant naturel peut être adopté par son père ou sa mère qui l'a reconnu. L'impossibilité de trouver, soit dans la loi, soit dans l'historique de sa rédaction, les éléments certains d'une décision juridique, nous porte à croire qu'une telle adoption doit être permise (1), alors qu'elle réunit les éléments nécessaires.

1. Arrêts en faveur de l'adoption : Toulouse, 26 nov. 1867; Paris, 11 juillet 1868; C. de Cass., 13 mai 1868 (Dalloz, 4e et 6e cahiers 1868).

Les juges ont en effet plein pouvoir pour vider , par des considérations tirées de l'équité naturelle, la question née du silence ou de l'insuffisance de la loi. C'est ce qui devra avoir lieu pour la question qui nous occupe : si l'adoption leur paraît dangereuse ou contraire à l'ordre public, ils pourront refuser de l'homologuer ; si au contraire elle leur paraît. honnête, utile et équitable, alors ils pourront l'accepter et la maintenir : la loi ne défendant pas une telle adoption, on peut dire qu'elle l'autorise implicitement.

On soutient, il est vrai, qu'à défaut d'un texte positif, la défense d'adopter son enfant naturel reconnu, résulte clairement, soit de la nature même des choses , soit par induction de certaines dispositions de la loi, soit enfin de son esprit général sur la matière : nous allons en quelques mots répondre aux principales objections soulevées contre le système que nous soutenons. Une telle adoption, dit-on, répugne à la nature même des choses, la loi ne pouvait défendre l'impossible ; des rapports de filiation existent déjà entre l'adoptant et l'adopté : le lien fictif que l'adoption est appelée à créer existe donc réellement. Le fondement de cette objection, comme on le voit, repose sur la définition de l'adoption ; mais comme elle n'est pas écrite dans la loi, rien ne nous empêche d'en donner une autre et de dire : l'adoption est un acte solennel par lequel une personne établit entre elle et une autre personne, soit des rapports de parenté qui n'existaient entre elles à aucun titre, soit des rapports de parenté autres que ceux qui les unissaient déjà : l'adoption d'un enfant naturel par son père qui l'a reconnu crée entre

8

l'adoptant et l'adopté un lien de parenté légitime que la reconnaissance avait été impuissante à créer : il n'est donc pas juste de dire que le lien que l'adoption était appelée à créer entre eux existait déjà.

Mais, dit-on, l'adoption, dans ce cas, n'est pour l'enfant naturel qu'une légitimation et l'art. 331 C. N. se trouve violé. Nous ferons d'abord remarquer que les termes de l'art. 331 ne s'opposent pas à une telle adoption : cette adoption produit, il est vrai, certains effets semblables à ceux qui résultent de la légitimation ; mais cependant ce sont là deux institutions essentiellement distinctes. Ainsi : 1° la légitimation fait entrer l'enfant dans la famille de ses père et mère ; l'adoption au contraire n'établit aucun lien de parenté entre l'adopté et les parents de l'adoptant (art. 348 C. N.). 2° La légitimation fait naître entre l'adopté et ses père et mère un droit réciproque de successibilité : l'adoptant au contraire ne succède point à l'adopté (art. 350 et 351 C. N.). L'adoption ne fait donc pas de l'enfant naturel un enfant légitime ainsi qu'on le prétend, elle n'en fait qu'un enfant adoptif, ce qui est bien différent.

Examinez, dit-on, les dispositions des art. 346, 347, 348, 349 C. N., et vous verrez que la loi suppose qu'il n'existe aucun rapport de paternité et de filiation avant l'adoption entre l'adoptant et l'adopté, situation qui n'existe pas dans le cas de l'adoption d'un enfant naturel reconnu. A cela on peut répondre que la loi n'a statué que sur le *plerumque fit* et ne s'est point préoccupée des situations particulières.

On ajoute encore : Quel est le but de cette adoption ? C'est de donner à l'enfant naturel des droits de succes-

sibilité plus étendus que ceux produits par la reconnaissance ; mais c'est encore méconnaître la loi, et violer
les dispositions des art. 757 et 908 C. N. A cela nous
répondrons que ces articles ne sont pas applicables au
cas qui nous occupe : car ce n'est pas comme enfant
naturel, mais bien comme enfant adoptif, que l'adopté
vient à la succession de l'adoptant. Si l'on nous dit que
c'est là éluder la loi et que l'on arrive à faire ainsi
indirectement ce que l'on ne peut faire directement,
nous répondrons que la loi permet de faire par l'adoption ce que l'on ne pourrait faire directement par
donation ou legs. Ainsi quand j'ai fait des donations,
je ne puis, en instituant mon neveu ou mon frère pour
légataire, lui conférer le droit de les faire réduire ; au
contraire, je le puis en l'adoptant, car alors il acquiert
un droit de réserve qui lui permet de faire réduire les
donations antérieures ou postérieures à l'adoption.

L'une des objections que l'on croit la plus forte contre
notre système est celle-ci : L'adoption, dit-on, ne peut
transformer l'état d'enfant naturel, et d'un bâtard faire
un enfant légitime, l'adoption laissant subsister la situation originaire de l'adopté, celui-ci aura donc à la fois
deux qualités : celle d'enfant naturel et d'enfant légitime ; or ces deux qualités ne sont-elles pas incompa-
tibles dans la même personne ?

Si une telle objection était fondée, nous devons le
dire tout d'abord, l'adoption ne serait jamais possible,
puisqu'elle a toujours pour objet de réunir sur la
même personne des qualités qui, en réalité, sont incom-
patibles : ainsi l'adopté ne devient-il pas fils de l'adoptant, quoiqu'il reste fils de son père légitime ? De même

l'adoption ne peut-elle pas faire d'un frère ou d'un neveu un fils adoptif ? Tout est donc possible sous l'empire·des fictions. D'ailleurs , nous le répétons encore, l'adoption ne fait pas un enfant *légitime*, mais un enfant *adoptif*, de l'enfant naturel reconnu. Ainsi lorsqu'une personne s'est donnée en adoption, deux qualités existent en elle : la qualité qu'elle avait avant l'adoption, et la qualité que l'adoption lui a conférée : ce qu'il y a de moins dans l'une ne détruit pas ce qu'il y a de plus dans l'autre ; autrement toute adoption serait inutile. Telles sont les principales objections que l'on peut nous opposer : elles ne sauraient assurément prévaloir ; et, si parfois au milieu de la discussion on se sent hésitant et incertain, il faut alors se rappeler ce principe que nous voyons à chaque instant proclamé par le législateur : *In favorem prolis potiùs inclinandum est.*

Quant aux enfants adultérins ou incestueux , dont la qualité aurait été légalement établie, nous ne croyons pas qu'ils puissent être l'objet d'une adoption de la part de leur père ou de leur mère : le vice de leur filiation est en effet indélébile ; les dispositions de la loi à leur égard sont si précises et si formelles , que l'état de ces enfants ne saurait changer. C'est en vain que l'on invoquerait des précédents histori- ques dans nos lois : notre Code, on ne saurait en douter en le lisant , a complétement brisé avec le passé , sur ce point.

Une autre question qui, à raison du caractère spécial dont est revêtu l'adoptant , a soulevé aussi de vives controverses, est celle-ci : Le prêtre catholique peut-il adopter ? Partisan du mariage des prêtres, nous leur reconnaissons aussi le droit d'adopter. Pour que le prêtre catholique fût privé de cette faculté, il faudrait qu'il y eût un texte de loi qui vînt lui défendre d'adopter : or une telle prohibition ne se trouve point écrite dans nos lois. Dire que le prêtre catholique ne peut adopter, ce serait admettre que le caractère de prêtre frappe l'homme de certaines déchéances et par suite le dégrade, tandis qu'à nos yeux le caractère du prêtre ennoblit l'homme jouissant de tous ses droits civils sans exception, et nous fait voir en lui un citoyen dont le sacerdoce est digne de notre respect.

On dit, pour soutenir que le prêtre ne peut adopter, que l'adoption le détournerait de la mission de dévoùment et d'abnégation que son caractère lui impose ; d'un autre côté, que le prêtre catholique ne doit avoir d'autre famille que l'humanité, et d'autres enfants que les pauvres.

Ces motifs pourraient être mis dans la balance s'il s'agissait de faire la loi ; mais ils ne peuvent arrêter le jurisconsulte. Ils ne suffisent point pour détruire une opinion qui nous semble conforme aux principes.

Ils n'ont du reste pas été assez forts pour déterminer l'Eglise à empêcher l'adoption par le prêtre ; aucune loi canonique ne la défend. C'est ce que confirme une lettre du 2 juin 1841 de Mgr Affre, alors archevêque de Paris.

On peut admettre, jusqu'à un certain point, qu'une telle adoption peut sembler opposée à l'esprit de l'Eglise ; cependant il nous semble que l'Eglise et encore moins le législateur ne pourraient équitablement l'interdire. Pourrait-on sans injustice refuser cette consolation du cœur au prêtre que l'âge ou des infirmités ont contraint de quitter le saint ministère ? Pour quelles causes lui interdirait-on un dernier acte de bienfaisance qui ne serait que le couronnement d'une carrière vertueusement remplie ? N'y aurait-il même pas une cruauté à empêcher le prêtre de chercher dans l'adoption le moyen de combler le vide de la famille que la vieillesse ou la maladie lui fait si vivement sentir et dont la cause se trouve dans l'abnégation louable de son ministère ? L'adoption, dans une semblable hypothèse. serait un acte beaucoup plus honorable et beaucoup plus digne d'intérêt que l'adoption du célibataire qui n'a pas osé s'enchaîner dans les liens du mariage. Aussi ne pensons-nous pas que l'on doive interdire au prêtre la faculté d'adopter.

Pour terminer ce que nous avons à dire sur les conditions de l'adoption ordinaire, nous ferons remarquer que l'on ne doit en rien suppléer aux conditions posées par les règles spéciales et par les principes généraux : les conditions observées, l'adoption régulière en sa forme est valable. C'est pourquoi nous pouvons conclure que la non conformité de sexe entre l'adoptant et l'adopté n'est pas un obstacle à l'adoption ; que les femmes comme les hommes peuvent adopter et être adoptées ; que le célibat n'est point un obstacle à l'adoption. Ces décisions se trouvent confirmées par les travaux préparatoires du Code (Locré, t. 6, p. 396 et suiv.).

SECTION II.

DES FORMES DE L'ADOPTION ORDINAIRE.

Les formalités exigées pour l'adoption sont au nombre de quatre, savoir : 1° l'acte d'adoption reçu par le juge de paix, acte qui constate le consentement respectif des parties ; 2° l'envoi au procureur impérial d'une expédition de cet acte ; 3° l'homologation du contrat d'adoption, par la justice ; 4° l'inscription de l'adoption sur les registres de l'état civil. Comme on peut le voir par l'énumération qui vient d'en être faite, les formes auxquelles l'adoption est soumise ont été soigneusement indiquées par la loi, qui réclame leur accomplissement d'une manière impérieuse : il s'agit en effet d'un acte intéressant l'état des personnes, et, en pareille matière, la sollicitude du législateur est bien légitime. Nous allons donc examiner successivement les formalités requises pour l'adoption.

I. — L art. 353 C. N. dit : « La personne qui se proposera d adopter et celle qui voudra être adoptée se présenteront devant le juge de paix du domicile de l'adoptant pour y passer acte de leurs consentements respectifs. »

C'est devant le juge de paix que se réalise, à vrai dire, l'adoption : c'est là, dès lors, que les consentements doivent être donnés et acceptés, et de ce concours de volontés, naît le contrat d'adoption. La loi veut que ce soit le juge de paix du domicile de l'adoptant, car il est mieux à même que personne d'obtenir les renseignements indispensables en pareille matière. Le rôle du juge de paix se borne à constater le consentement réciproque des deux parties, mais il ne décide rien. L'acte reçu par lui forme le contrat d'adoption ; c'est bien là un *contrat*, en effet, car il y a *duorum in idem placitum consensus*. Sans doute son existence est conditionnelle ; mais si les conditions dont il dépend s'accomplissent, l'adoption datera légalement du jour de la formation du contrat devant le juge de paix.

Ce contrat n'est pas encore irrévocable, et les parties peuvent l'annuler d'un commun accord : cette faculté existe pour elles jusqu'à ce que l'adoption soit inscrite sur les registres de l'état civil. Ce contrat lie cependant les parties, et l'une d'elles ne pourrait s'en départir sans le consentement de l'autre, eût-elle même un motif plausible pour le faire, par exemple, l'adoptant eût-il à se plaindre de l'ingratitude de l'adopté. Le lien a même une telle force que l'adoptant ne pourrait le faire rompre par une action judiciaire.

Il faut remarquer que, pour que le contrat soit formé, il est nécessaire qu'il y ait eu contrat valable, c'est-à-dire la réunion de deux volontés clairement manifestées, et non pas seulement une simple promesse d'adopter. Devons-nous en conclure que la présence des parties devant le juge de paix est nécessaire, et qu'un mandataire muni d'une procuration spéciale ne saurait suppléer à l'absence de l'une des parties ? Les auteurs sont divisés sur la solution à donner dans ce cas : il semblerait en effet que les termes formels de l'art. 353 C. N., ainsi que la solennité de l'acte d'adoption et les conséquences importantes

qu'il entraîne , mériteraient bien une exception à la
règle ordinare qui autorise les parties à se faire représenter par un fondé de pouvoirs , quand la loi ne le
défend pas spécialement ; d'un autre côté cependant,
on est porté à croire, et c'est là l'opinion que nous croyons la plus conforme à l'esprit de la loi , que s'il est
préférable que les parties comparaissent en personne
devant le juge de paix , on ne doit pas cependant voir
une cause de nullité de l'adoption en ce que l'une des
parties aura été représentée par un fondé de pouvoir ;
il peut y avoir eu pour elle un empêchement absolu :
d'ailleurs la loi, ne défendant pas à l'une des parties de
se faire représenter , l'y autorise implicitement par
cela même. Enfin refuser cette faculté à l'une des parties, ce serait encore augmenter les dispositions rigou-
reuses de la loi au sujet de l'adoption, et en éloigner les
citoyens ; or tel n'est pas le vœu de la loi.

De ce que , selon nous , c'est au moment où les
parties donnent leur consentement devant le juge de
paix que se forme le contrat d'adoption , nous devons conclure que c'est alors que les parties doivent réunir les conditions prescrites par la loi.
Mais faudra-t-il , pour pouvoir arriver à la perfection de l'adoption , que ces conditions continuent
d'exister ? Ainsi, le décès de l'adoptant survenu après
la déclaration d'adoption devant le juge de paix, mais
dans l'intervalle de la rédaction du contrat à sa transmission au procureur impérial, empêchera-t-il qu'il
ne soit donné suite à l'adoption ; en d'autres termes,
la loi, dans l'art. 360 C. N., exige-t-elle, en pareil cas,
pour que l'instruction puisse être continuée, le con-

cours de ces deux circonstances : la rédaction du contrat et sa présentation à la justice ? Les auteurs sont divisés à ce sujet : les uns, partisans de l'affirmative, disent que la loi, dans l'art. 360 C. N., exige, pour que l'adoption puisse être continuée nonobstant le décès de l'adoptant, une manifestation de la volonté de persévérer dans la consommation du contrat passé devant le juge de paix ; ils ajoutent que l'adoption peut avoir été surprise à une personne déjà affaiblie par les approches de la mort, et qu'il n'y a que l'envoi de l'expédition du contrat au procureur impérial, dans les dix jours, qui puisse déjouer les obsessions coupables. Quant à nous, nous croyons, avec ceux qui soutiennent la négative, que l'esprit de l'art. 360 n'est pas tel que veulent bien le dire nos contradicteurs. D'abord ces prétendues manœuvres que cet article aurait pour but de déjouer ne sont point par elles-même bien à craindre en présence de l'ensemble des conditions et des formes exigées pour l'adoption. En supposant même que ces manœuvres vinssent à se rencontrer, serait-il possible de trouver une garantie quelconque dans le seul fait de la remise de l'expédition de l'acte d'adoption au procureur impérial ? Cette remise, en effet, peut être faite par l'adopté seul et même malgré la volonté de l'adoptant. Ce motif de l'article ne nous paraît donc pas de grande valeur.

L'opinion que nous soutenons se trouve confirmée par les travaux préparatoires du Code. Voici ce que nous lisons, à ce sujet, dans le procès-verbal de la séance du Conseil d'État du 18 frimaire an XI (Locré, t. 6, p. 571) : « M. Berlier propose de donner à l'adoption son effet depuis la comparution devant le juge de paix. L'article est adopté avec ces amendements. »

En insérant, dans l'art. 360, ces mots : *et porté devant les tribunaux*, le rédacteur ne s'y est donc préoccupé que de ce qui a lieu le plus souvent, et n'a nullement entendu enlever toute possibilité de valider une adoption déjà consentie devant le juge de paix, mais dont l'acte n'a pas été remis au procureur impérial avant la mort de l'adoptant ; disons encore que si les appréhensions manifestées par nos contradicteurs étaient entrées dans la pensée du législateur, il eût alors ordonné que la communication au procureur impérial fût faite par l'adoptant lui-même ; or il n'en est rien évidemment, puisque la loi l'a abandonnée à la partie la plus diligente. Nous pouvons donc conclure qu'il suffit pour la validité de l'adoption que les conditions exigées se rencontrent au moment où l'adoption se forme devant le juge de paix, et que la mort de l'une des parties ou la disparition de l'une des conditions, survenue *postérieurement*, sera *juridiquement* sans influence sur le sort de l'adoption. Nous disons *juridiquement*, car, en pratique, il pourra se faire que les tribunaux, souverains appréciateurs en cette matière. tiennent un grand compte de l'arrivée de ces événements.

II. — La seconde formalité exigée par la loi est la remise dans les 10 jours suivants, au procureur impérial près le tribunal de première instance dans le ressort duquel se trouve le domicile de l'adoptant, par la partie la plus diligente, de l'expédition du contrat, pour être soumis à l'homologation de la justice (art. 354 C. N.).

Ainsi il n'est pas nécessaire que les deux parties fassent remise de l'expédition de l'acte ; c'est la plus diligente qui remplira la formalité exigée par la loi : les deux parties, ayant en effet contracté ensemble, sont supposées s'être donné réciproquement mandat de remplir les formalités nécessaires pour l'adoption. La loi veut que la remise de l'expédition soit faite au procureur impérial près le tribunal de première instance dans le ressort duquel est situé le domicile de l'adoptant, car c'est là que celui-ci est le mieux connu et que les renseignements les plus complets pourront être fournis au tribunal. La remise de l'expédition doit être faite dans les dix jours qui suivent le jour où l'acte a été dressé devant le juge de paix : si dans ce délai la remise n'avait pas eu lieu, alors les parties seraient regardées comme ayant renoncé à l'adoption, et elles seraient obligées de dresser un autre acte devant le juge de paix pour arriver à l'adoption : nous montrerons ci-après que ce délai est de rigueur. De ce que l'inobservation de cette formalité fait tomber l'adoption, il ne faudrait pas en conclure que l'acte dressé devant le juge de paix n'est qu'un simple projet : l'adoption se trouve déjà formée en fait, tout en dépendant, quant à sa perfection, de certaines formalités que les parties peuvent, à leur gré, accomplir ou ne pas accomplir ; mais dès que l'une d'elles a saisi la justice, il ne dépend plus de la volonté des parties de faire tomber l'acte dressé devant le juge de paix : c'est au tribunal seul qu'il appartient alors de statuer, en ayant telle considération qu'il lui convient pour les dires des parties.

Nous devons faire remarquer que dans la pratique , à tort ou à raison , l'acte d'adoption n'est pas remis au procureur impérial près le tribunal de première instance, comme l'exige l'art. 534 , mais que la remise s'en fait par une requête adressée au président du tribunal, à laquelle on joint l'acte d'adoption et toutes les pièces qui s'y rapportent.

III. — L'adoption intéresse non-seulement les parties qui sont en cause, mais encore la société tout entière, puisqu'elle modifie l'état des personnes : l'autorité publique , chargée de sauvegarder les intérêts sociaux, devait donc intervenir pour s'assurer si la loi avait été observée. Aussi l'art. 355 C. N. subordonne-t-il l'existence du contrat d'adoption à la sanction de l'autorité judiciaire, et celle-ci ne doit la donner qu'après avoir vérifié : 1° si toutes les prescriptions de la loi sont remplies ; 2° si la personne qui se propose d'adopter jouit d'une bonne réputation.

Pour arriver à cette sanction le contrat passé devant le juge de paix doit être successivement soumis : 1° à l'homologation du tribunal de première instance du domicile de l'adoptant ; 2° à l'homologation de la cour impériale (art. 355, 356, 357, 358 C. N.). C'est ce que nous allons examiner.

Nous savons que la pratique diffère de la théorie quant à la manière dont la justice est saisie ; quoi qu'il en soit , nous devons faire remarquer la procédure toute spéciale qui a lieu alors. La loi veut que le tribunal, après s'être procuré les renseignements convenables , par telles voies qu'il lui plaît, mais sans formalités judiciaires, procède , en chambre du conseil,

à la double vérification que nous avons énoncée plus
haut ; puis, après avoir entendu le procureur impérial,
et sans aucune autre forme de procédure, le tribunal
prononce, sans énoncer de motifs, en ces termes : « Il
y a lieu » ou « il n'y a pas lieu à l'adoption ». C'est la loi
elle-même (art. 356 C. N.) qui trace aux juges cette
marche à suivre ; en agissant ainsi le législateur a
voulu empêcher qu'une déconsidération morale ne pût
atteindre une personne dont l'adoption n'aurait pas été
admise ; il a voulu aussi garantir davantage la liberté
d'appréciation des tribunaux.

Deux hypothèses peuvent donc se présenter : ou
l'adoption est remise, ou elle est rejetée ; dans ce dernier cas, les parties peuvent se pourvoir en appel devant
la cour impériale : il n'est pas nécessaire en effet que
l'adoption reçoive l'homologation successive du tribunal de première instance et de la cour impériale. Celle
de la cour impériale est seule indispensable, et de plus
sa décision et souveraine, quelle qu'elle soit et quelle
qu'ait été celle du tribunal de première instance. Si
l'adoption est admise, la loi, dont on peut encore remarquer la prévoyance, veut que le jugement du tribunal de première instance (qui, à vrai dire, n'est qu'un
acte de juridiction gracieuse) soit, dans le mois qui suit,
sur la poursuite de la partie la plus diligente, soumis à
la cour impériale, qui instruit dans les mêmes formes
que le tribunal de première instance et prononce sans
énoncer de motifs : « Le jugement est confirmé », ou : le
jugement est réformé ; en conséquence » il y a lieu », ou
« il n'y a pas lieu à l'adoption » (art. 357). De cette façon,
l'adoption est entourée de toutes les précautions néces-

saires. Si la Cour admet l'adoption, sa décision doit être prononcée à l'audience : cette audience, ainsi qu'il résulte implicitement des dispositions de la loi qui veut que la procédure soit faite sans publicité et en Chambre du Conseil, n'a pas besoin d'être solennelle (Cour de Limoges, 4 juin 1840). La cour, en admettant l'adoption, ordonne que sa décision sera affichée en tels lieux et en tel nombre d'exemplaires qu'elle le juge convenable. Il n'y a plus, en effet, de raison pour la tenir secrète ; il importe, au contraire, qu'elle soit rendue publique, puisqu'elle modifie l'état des parties. Faisons remarquer enfin que dans la pratique, au lieu de remettre les pièces au procureur général, ainsi que semble le dire l'art. 357 C. N., ces pièces seront remises directement au premier président par le ministère d'un avoué.

Nous devons nous demander ici, si le délai de dix jours accordé par l'article 354 pour la remise d'une expédition de l'acte d'adoption au procureur impérial, et le délai d'un mois accordé par l'article 357 pour saisir la Cour impériale de la demande en admissibilité d'adoption, sont de rigueur, c'est-à-dire si la loi les prescrit à peine de déchéance contre les parties qui ne les auront pas observés? Certains auteurs, par argument *a contrario* de l'art. 359 C. N., disent qu'en accordant un délai de trois mois pour faire inscrire sur les registres de l'état civil l'arrêt portant adoption, la loi a eu soin d'indiquer qu'il était de rigueur ; que dès lors on est en droit de conclure que là où la loi n'a rien dit on ne peut suppléer une décision aussi sévère ; que d'ailleus le Tribunat ayant proposé d'insérer formellement dans

la loi la déchéance pour l'inobservation des délais tant
des art. 354 et 357 que de l'art. 359, le projet définitif n'a
admis cette déchéance que pour le dernier délai, et que
dès lors elle n'existe pas pour les autres délais.

D'autres auteurs, à l'avis desquels nous nous rangeons, soutiennent au contraire que ces délais sont de
rigueur. Ainsi, comme nous l'avons déjà dit, les parties,
en ne remettant pas dans les dix jours l'acte d'adoption
au procureur impérial, sont censées avoir renoncé à
l'adoption, et un nouvel acte serait nécessaire pour
l'adoption ; on peut faire les mêmes réflexions au sujet
du délai d un mois prescrit par l'art. 357 ; il est bien
probable en effet que si les parties ont laissé passer
ce délai sans faire aucune démarche, c'est qu'elle ne
veulent pas que l'adoption arrive à sa perfection, ou
qu'elles n'y attachent aucune importance, et, dans ce
cas, nous croyons qu'il est préférable et en même
temps plus conforme au vœu de la loi que l'adoption
n'ait pas lieu ; que si elles ont laissé passer ces délais
par leur négligence, elles n'ont qu'à s'en prendre à elles-
mêmes, *vigilantibus jura subveniunt ;* si elles ont le désir
que l'adoption ait lieu, elles ont la ressource de recom-
mencer en observant les formalités prescrites par la loi.

Ce n'est pas seulement par ces considérations que
nous pouvons soutenir le système que nous adoptons ;
c'est aussi par des arguments qui ne le cèdent en rien
à ceux de nos adversaires. L'adoption fait naître con-
ditionnellement des rapports nouveaux qui touchent à
l'état civil des parties contractantes : la société est donc
intéressée à ce que leur sort soit promptement fixé ;
les prescriptions de la loi à ce sujet sont d'ordre public

et *ordo publicus perpetuo clamat*, dès lors , si l'on accepte l'opinion de nos contradicteurs , il faut dire que les prescriptions de la loi relativement aux délais en matière d'adoption n'ont aucun sens et que par suite leur inobservation est sans aucune sanction , conséquence qui , évidemment, est inadmissible , Mais allons plus loin : personne ne peut nier que la loi attache une importance très-grande aux conditions intrinsèques de l'adoption ; et que si l'un d'elles vient à manquer , l'adoption ne peut avoir lieu : or relativement aux conditions extrinsèques de l'adoption , que nous étudions en ce moment, la loi semble ne pas se montrer moins exigeante, car elle les indique et les précise d'une telle façon, que nous croyons pouvoir décider, par analogie, que l'omission de l'une de ces conditions fait aussi obstacle à ce que l'adoption puisse arriver à sa perfection. Quant à l'argument *a contrario* tiré par nos contradicteurs de l'art. 359, il se trouve facilement repoussé par un argument *a fotiori* tiré du même article : si, en effet , l'omission d'une inscription sur les registres de l'état civil , dans un délai fixé , peut rendre sans force un acte revêtu d'une sanction judiciaire aussi solennelle , à plus forte raison la nullité de l'adoption qui n'est pas encore sanctionnée doit-elle résulter de l'inobservation d'un délai. Cette considération , d'ailleurs, a probablement décidé les rédacteurs à ne pas indiquer d'une manière formelle la déchéance pour l'inobservation des délais fixés dans les art. 354 et 357 . C'est ce qui semble résulter implicitement du procès-verbal du Conseil d'Etat réuni pour statuer sur les modifications proposées par le Tribunat

9

lors de la communication officieuse de notre Titre. Ce document indique les points sur lesquels le projet est en dissentiment avec le Tribunat, et il n'y est nullement fait mention du cas où les délais fixés par les art. 354 et 357 ne seraient pas observés. (Locré, t. 6. p. 594.)

IV. — Non contente, pour donner de la publicité à l'adoption, de faire prononcer en audience publique l'arrêt de la Cour qui admet l'adoption et de le faire afficher, la loi veut encore, dans l'art. 359, que dans les trois mois qui suivront l'arrêt de la Cour impériale, l'adoption soit inscrite sur les registres de l'état civil du lieu où l'adoptant est domicilié ; ces registres étant publics, tous ceux qui auront intérêt à connaître l'adoption pourront aller les consulter : cette adoption, étant en quelque sorte une naissance civile, doit être constatée sur le registre des naissances. Mais dans quelle forme se fera cette constatation ? L'art. 359 nous dit : « Cette inscription n'aura lieu que sur le vu d'une expédition en forme du jugement de la Cour impériale ; » mais il ne nous dit pas en quoi consistera l'inscription et de quelle manière elle sera faite. Une formule, il est vrai, a été, à titre de modèle, adressée par le gouvernement aux officiers de l'état civil en exécution d'un avis du Conseil d'Etat du 12 thermidor an XII ; mais cette formule exige la présence des deux parties, et l'officier de l'état civil prononce entre elles l'adoption à peu près de la même manière qu'il célèbre le mariage (Locré, t. 14, p. 277) ; or, d'après l'art. 359, il suffit de la réquisition de l'une des parties pour que l'officier de l'état civil doive inscrire l'acte d'adoption.

D'après le texte même de l'art. 359, c'est l'adoption qui doit être inscrite, c'est-à-dire l'*instrumentum* dressé par le juge de paix; mais, d'un autre côté; il paraît rationnel que l'arrêt de la Cour impériale y soit inscrit ou au moins mentionné, puisque ce n'est que sur le vu d'une expédition de cet arrêt que l'inscription doit avoir lieu. Il semble aussi que l'officier de l'état civil doit faire mention de la réquisition qui lui a été faite, puisque c'est en vertu de cette réquisition que l'adoption peut être inscrite. Enfin, suivant certains jurisconsultes, la signature du requérant ou la mention de la cause qui l'a empêché de signer et la présence de deux témoins seraient de bonnes mesures à observer.

Quant à la question de savoir si l on devra regarder comme valablement faite une inscription irrégulière, elle se trouve, de même que tout ce qui concerne les actes irréguliers de l'état civil, laissée à l'appréciation des tribunaux.

Nous devons faire remarquer que le délai de trois mois prescrit par l'art. 359 est de rigueur les termes de cet article sont en effet formels : « l'adoption sera inscrite », etc. Si donc l'inscription n'a pas eu lieu dans les trois mois, l'adoption sera nulle et considérée comme non avenue. *Forma dat esse rei.*

Mais que doit-on décider si l'inscription a été faite, dans les trois mois à dater de l'arrêt, sur les registres de l'état civil d'un lieu autre que celui dans lequel est domicilié l'adoptant? Nous pensons que l'inscription devrait être regardée comme si elle n'avait pas été faite : la loi dans l'art. 359 donne, à l'exclusion de tout autre, compétence à l'officier de l'état civil du lieu où est domicilié l'adoptant, pour faire cette inscription : en décider autrement ce serait dire que l'inscription dans un lieu quelconque est suffisante, et faire ainsi de l'art. 359 une véritable lettre morte.

L'adoption régulièrement inscrite sur les registres de l'état civil devient donc parfaite. A partir de ce moment elle ne saurait être révoquée, ni par la volonté de l'une des parties, car si elle est libre de contracter ou non à l'origine, une fois qu'elle a contracté, il y a pour elle un *vinculum juris* : *legem contractus dedit*, le contrat devient la loi des parties ; ni par le consentement réciproque des parties : ce consentement ne suffit pas pour rompre l'adoption, de même qu'il ne suffit pas pour la rendre parfaite. Permettre d'ailleurs aux parties de révoquer l'adoption ce serait dire que l'on peut par des conventions particulières déroger aux lois qui intéressent l'ordre public et les bonnes mœurs, et l'art. 6 C. N. serait violé ; ce serait encore permettre à l'adopté de renoncer à la succession de son père adoptif, avant la mort de celui-ci, et ce serait méconnaître le principe écrit dans l'art. 791 C. N. A partir de l'inscription de l'adoption sur les registres de l'état civil, rien ne peut donc désormais rompre le lien civil qu'elle a fait naître : la survenance d'un enfant légitime à l'adoptant, l'ingratitude de l'adopté, seraient elles-mêmes impuissantes à produire une pareille révocation.

A partir de ce moment, l'adoption produit des effets : mais ces effets n'ont pas lieu seulement pour l'avenir, ils remontent au jour du contrat passé devant le juge de paix : c'est à ce moment en effet que le lien produit par l'adoption a pris naissance. L'existence de ce lien était sans doute, comme nous venons de le voir, subordonnée à certaines conditions, mais l'accomplisment postérieur de celles-ci l'a dépouillée rétroactivement de ses modalités.

Nous sommes d'avis, ainsi que nous l'avons expliqué plus haut, qu'il suffit que les conditions exigées pour l'adoption existent au moment où les parties contractent devant le juge de paix, et nous croyons que la mort ou l'incapacité de l'une des parties survenue postérieurement est juridiquement sans influence sur le sort de l'adoption. Toutefois l'art. 360 C. N., prévoyant le cas où l'adoptant viendrait à mourir avant la prononciation de l'arrêt, dit : « Les héritiers de l'adoptant pourront, s'ils croient l'adoption inadmissible, remettre au ministère public tous mémoires et observations à ce sujet. » Grenier et Merlin enseignent que s'ils usaient de ce droit ils se rendraient parties, et que la demande d'adoption deviendrait alors une affaire contentieuse : d'où l'arrêt portant adoption aurait à l'égard des héritiers de l'adoptant la même force que si ayant demandé la nullité de l'adoption, ils avaient vu leur demande repoussée par un arrêt de la Cour.

Cette décision ne nous paraît pas conforme aux principes : ou l'on observera la procédure indiquée par les art. 354 à 358, et alors les héritiers n'auront pu défendre leurs droits, puisque tout se sera passé dans la Chambre du Conseil et sans débats contradictoires; ou l'on aura admis les héritiers de l'adoptant à contester contradictoirement la validité de l'adoption, résultat encore plus inadmissible en présence des articles précités et de la fin de l'art. 360 dont il y aurait une violation flagrante. Sans doute, réduite à ces termes, la faculté donnée aux héritiers par l'art. 360 de remettre au ministère public des mémoires et observations sur l'inadmissibilité de l'adoption se trouve être de bien peu de valeur, puisque, même du vivant de l'adoptant, non-seulement ses héritiers présomptifs, mais encore toute personne qui connaîtrait l'adoption, pourraient faire officieusement une remise analogue et chercher à éclairer la justice ; mais cette disposition de la loi donne alors à la remise des mémoires un caractère de gravité qui les recommande d'une manière spéciale à l'attention et du ministère public appelé à donner ses conclusions, et des magistrats qui doivent se prononcer sur l'admission de l'adoption.

Les mêmes parties dont la demande à fin d'adoption a été rejetée, peuvent-elles la renouveler soit devant les mêmes magistrats, soit devant d'autres, dans le cas où l'adoptant aurait changé de domicile ? L'affirmative se trouve généralement admise, et ce n'est pas sans motifs. L'intervention des tribunaux appelés à statuer sur l'admission de l'adoption est de juridiction gracieuse ; la maxime *non bis in idem* ne saurait donc être invoquée. Il peut se faire d'ailleurs que les motifs restés secrets pour lesquels la première adoption n'avait pas été admise aient disparu ; seulement il faudra un nouvel acte d'adoption (Duranton, t. 3, n° 303).

SECTION III.

DE L'ABSENCE DE L'UNE OU DE PLUSIEURS DES CONDITIONS ET DE
L'INOBSERVATION DE L'UNE OU DE PLUSIEURS DES FORMES EXIGÉES
PAR L'ADOPTION ORDINAIRE.

Après avoir examiné quelles sont les conditions intrinsèques et extrinsèques spécialement exigées pour
arriver à l'adoption ordinaire, afin de compléter l'étude
de cette matière, nous allons essayer de déterminer
quelle est la portée de ces diverses conditions et quelle
doit en être la sanction au cas où elles n'auraient pas
été remplies, selon le vœu de la loi, par les parties qui
demandaient l'adoption.

L'adoption ne dérive pas du droit naturel : c'est une
institution due à la toute puissance créatrice de notre
législateur, et elle ne figure pas dans tous les Codes :
c'est un bienfait que la loi accorde aux citoyens, à la
condition que le contrat dans lequel l'adoption prend
son origine soit formé entre deux personnes réunissant toutes les qualités spéciales qu'elle exige, et à la
condition aussi que ce contrat, dont l'importance se
trouve démontrée par les nombreuses formalités dont
il est entouré, soit confirmé par l'autorité judiciaire
et reçoive la publicité par l'observation des formes particulières qui sont prescrites. De ce que l'adoption est
une création du droit civil, une institution de faveur
toute exceptionnelle et permise en dehors des principes du droit naturel, nous devons dire que l'une de
ces conditions spéciales (intrinsèques ou extrinsèques)
ayant été omise, l'adoption n'a pu être formée légalement, et sa création a dès lors été impossible : il résulte
de là que l'adoption, bien que réalisée en fait, est

demeurée non avenue en droit, et nulle de nullité proprement dite. Cette décision, assurément, peut paraître *rigoureuse*; mais quel autre parti prendre en présence du silence de la loi? Devons-nous distinguer la plus ou moins grande importance de ces conditions, et dire que l'inobservation des unes entraînera la nullité de l'adoption, et que celle des autres sera sans influence sur le sort de l'adoption? Mais comment justifier cette distinction? sur quels éléments la faire reposer? N'est-il pas plus logique de penser que le législateur, en imposant à l'adoption toutes ces conditions, a voulu éviter ainsi les inconvénients qu'elle pouvait présenter, et que l'inobservation de ces conditions doit avoir une sanction. Sans cela les dispositions portées par le législateur seraient inutiles. Aussi la plupart des auteurs adoptent-ils l'opinion que nous venons d'émettre. Une autre solution, d'après laquelle l'inobservation de ces conditions spéciales entraînerait tantôt la nullité du contrat, tantôt serait sans influence sur sa validité, a été aussi proposée. En outre, parmi les nullités qui en résulteraient, les unes seraient absolues et les autres relatives. Ainsi la nullité serait absolue si l'adoptant avait des enfants légitimes lors de l'adoption; elle serait relative si elle résultait du défaut de consentement des père et mère de l'adopté qui n'a pas encore accompli sa vingt-cinquième année; il n'y aurait pas nullité de l'adoption si l'adopté majeur de vingt-cinq ans n'avait pas requis le conseil de ses père et mère, ou si la remise de l'acte d'adoption au ministère public n'avait pas eu lieu dans les délais fixés par les art. 354 et 357.

Nous avons déjà dit ce que l'on devait, selon nous, décider quant à ces délais ; nous allons expliquer maintenant pourquoi nous ne croyons pas que l'on puisse admettre la dernière théorie proposée. Rien, en effet, ni dans le texte, ni dans les travaux préparatoires du Code, n'autorise la distinction proposée dans cette doctrine. Peut-être eût-elle été bonne en matière de législation, mais le silence de la loi ne nous permet pas de la suppléer. Pour soutenir cette opinion on tire aussi un argument de ce qui a lieu en cas d'inobservation de conditions analogues exigées pour le mariage ; et comme l'inobservation de ces conditions n'est pas une cause de nullité absolue pour le mariage, on en conclut qu'il doit en être ainsi, en pareil cas, pour l'adoption ; mais cet argument ne nous paraît pas décisif. Il ne saurait en effet y avoir d'analogie entre deux actes aussi dissemblables que le mariage et l'adoption. Le mariage n'est pas une institution purement civile : il existe indépendamment des lois, et celles-ci ne font que le réglementer. Ainsi envisagé, le mariage célébré sans la réunion de toutes les conditions exigées par la loi, ne devait pas, en cas de silence du législateur, être toujours et nécessairement frappé de nullité. D'ailleurs, si les époux étaient coupables de négligence, leur union donnait naissance à des êtres que la loi dans l'intérêt même de la morale, devait protéger. Il y avait donc de bien graves motifs pour faire fléchir la rigueur des principes. Aussi le législateur a-t-il parlé et a-t-il pris soin d'indiquer dans la plupart des cas les conséquences qu'il attachait à l'inobservation de ses préceptes.

L'adoption au contraire, comme nous l'avons déjà

dit, est une pure institution du droit civil, et ne peut et ne doit exister que sous les conditions exigées par la loi. Et c'est ici une différence fondamentale. L'analogie existe si peu entre le mariage et l'adoption, que M. Demolombe lui-même permet le premier acte à l'étranger et lui refuse le second. D'un autre côté, la négligence d'une personne, en présence d'un bienfait que la loi lui accorde, mérite-t-elle donc la même indulgence que celle commise par une personne dans l'exercice d'un droit que la loi ne fait que réglementer ? Enfin la faute de l'adoptant et de l'adopté ne frappe que les deux parties qui n'ont pas observé la loi ; sa nullité n'entraîne ni pour eux ni pour leur famille les graves conséquences qui résultent, pour des époux et pour leur famille, de la nullité d'un mariage. Il n'y a donc pas lieu de raisonner par argument *a pari* et de déduire des règles sur le mariage celles sur l'adoption.

Ainsi l'inobservation de l'une quelconque des conditions spéciales (intrinsèques ou extrinsèques) exigées par la loi nous paraît devoir amener la nullité de l'adoption. Toutefois il nous semble qu'il faut admettre une exception à cette règle en ce qui touche la condition de bonne réputation dont l'adoptant doit jouir. L'homologation judiciaire de l'adoption en doit être considérée comme une preuve invincible. Cette exception résulte en effet de l'esprit de la loi qui, sans ranger cette condition parmi les autres, se contente, dans l'art. 355, de charger les juges de vérifier son existence. D'un autre côté, la loi, pour ménager la réputation de l'adoptant, ne veut ni enquête ni renseignement publics : comment admettrait-elle ensuite une action en nullité fondée sur ce que l'adoptant ne jouissait pas d'une bonne réputation ?

La nullité résultant de l'inobservation de l'une des conditions exigées par la loi est absolue : l'adoption est réputée n'avoir aucune existence légale. Toute personne ayant un intérêt moral à ce que l'adoption n'ait pas lieu, pourra donc à toute époque en demander la nullité ; quant aux héritiers de l'adoptant, nous pensons qu'ils ne pourraient en demander la nullité qu'autant que leur intérêt serait né et actuel, c'est-à-dire après la mort de l'adoptant : un motif pécuniaire ne saurait servir de base à leur demande, sinon ce serait admettre, comme le disait le consul Cambacérès, « qu'ils ont des droits acquis sur les biens de l'adoptant » (Locré, t. 6, p. 369, n° 11), ce qui évidemment n'est pas. Nous avons dit que l'action en nullité pouvait être proposée à toute époque ; toutefois nous n'entendons parler que de l'action en nullité d'adoption, de cette action qui a pour objet les rapports de paternité et de filiation civiles créés par l'adoption : car, en ce qui concerne les intérêts pécuniaires qui peuvent en résulter, l'action qui y serait relative n'en resterait pas moins soumise à la prescription.

Ainsi, donc l'adoption quoiqu'elle soit irrévocable peut cependant être affectée de nullité : dès lors on doit avoir le moyen de la faire annuler. Quelle est donc la marche à suivre pour arriver à ce résultat ? Comment la justice sera-t-elle saisie de la demande en nullité ? Les auteurs ont proposé diverses solutions à ce sujet. Dans un système, qui est soutenu par Toullier, t. 2, n° 1019, on prétend que le recours en cassation est seul

admissible, en se fondant sur ce que la Cour de
cassation seule peut annuler un arrêt de Cour impériale, et sur ce que l'opposition n'est admise que
contre un arrêt par défaut, qualité qui n'appartient
pas à un arrêt confirmatif d'un jugement d'adoption. Dans un autre système on soutient que c'est
à la Cour impériale qui a rendu l'arrêt qu'il faut
s'adresser, soit par action principale, soit par requête-
civile ou tierce opposition (Grenier, n° 22). Nous
croyons que l'on ne doit admettre aucun de ces
systèmes, car ils partent tous de cette idée fausse que,
pour faire juger la nullité de l'adoption, c'est directement l'arrêt de la Cour qu'il faut attaquer, et dès lors
agir par l'une des voies offertes pour faire tomber
l'autorité de la chose jugée. Or c'est là évidemment une
erreur capitale : en effet les jugements et arrêts rendus
en matière d'adoption ne sont pas, ainsi que nous
l'avons déjà fait remarquer, des sentences judiciaires ;
le mot y est, mais la chose n'y est pas ; pour qu'il y eût
jugement, il faudrait qu'il y eût débat ou contestation
entre l'adoptant et l'adopté, et que la justice vînt
terminer le différend en rendant une décision à ce
sujet ; or rien de semblable n'a lieu assurément dans
l'adoption. Les juges prononçant en matière d'adoption
n'exercent pas leur juridiction contentieuse ; ils font au
contraire acte de juridiction volontaire et gracieuse,
ils ne jugent pas. L'adoption, comme le dit Marcadé
(t. 2, n° 122), ce n'est pas l'arrêt homologuant le contrat, c'est le contrat homologué par l'arrêt. Le rôle de la
justice se borne à la vérification d'un acte ou d'un contrat.
La nature de cet acte n'est donc point changée par cette

vérification de la justice ; il a sans doute plus d'au-
thenticité ; mais quelles conséquences tirer de ce fait
relativement à la juridiction ou à la compétence ? Ces
actes judiciaires n'acquièrent pas l'autorité de la chose
jugée, parce qu'ils ne sont pas, à vrai dire, des jugements. C'est donc un contrat dont il faut poursuivre la
nullité, quand on attaque une adoption, et ce n'est pas
l'arrêt qu'on attaque : dès lors c'est par les voies ordi_
naires, par une action directe et principale, qu'il faut
agir, et c'est devant le tribunal de première instance du
domicile du défendeur que l'action doit être portée,
sauf appel à la Cour dont ce tribunal dépend, absolument comme pour tous les autres contrats.

SECTION IV.

DES EFFETS DE L'ADOPTION ORDINAIRE.

Les effets de l'adoption se produisent soit pendant la
vie de l'adoptant et de l'adopté, soit après le décès de
l'un d'eux ou de tous les deux. Cinq effets principaux
résultent de l'adoption : trois se produisent pendant la
vie de l'adoptant et de l'adopté, les deux autres relatifs à leurs successions ne se produisent qu'après leur
décès. Nous allons consacrer à l'étude de chacun de
ces effets un paragraphe particulier.

I. — L'adoption créant le plus souvent entre l'adoptant et l'adopté un rapport de quasi-paternité et de
quasi-filiation, le lien juridique qu'elle établit offre
une certaine analogie avec celui qui a sa cause dans une
paternité et dans une filiation réelles ; mais il ne lui est

pas identiquement semblable : cette parenté civile établit des rapports beaucoup moins étendus et moins complets; l'adopté continue en effet de rester dans sa famille naturelle sans entrer dans celle de l'adoptant, (art. 348 C. N.). L'adoption produit un lien qui n'enchaîne que ceux qui contractent : ainsi l'adopté, restant dans sa famille naturelle. y conserve les droits et les devoirs créés par sa naissance. Le premier effet de cette paternité fictive est de conférer à l'adopté le nom de l'adoptant ainsi que le dit l'art. 347 C. N. Il n'y a pas substitution de nom, il y a simplement juxta-position, la loi dit en effet que l'adopté *ajoutera* à son nom celui de l'adoptant. C'est là une exception à la législation qui prescrit des formes administratives particulières pour les changements et additions de noms. Cet effet produit par l'adoption se trouve justifié par le lien qu'elle établit entre l'adoptant et l'adopté c'est un témoignage d'affection paternelle d'une part et de gratitude filiale de l'autre ; enfin la société étant intéressée à connaître cet acte, doit être informée, par cette juxta-position de nom, du changement qui a eu lieu.

Si c'est une femme qui adopte et qu'elle soit mariée ou veuve, c'est son nom de fille et non pas son nom de femme que prend l'adopté (Delvincourt, t. 1, p 257) : c'est là en effet son nom à elle, celui de sa famille, le seul dont elle puisse disposer. De ce que la loi dit (art. 347) que l'adopté ajoutera à son nom celui de l'adoptant, nous croyons que les parties ne pourraient stipuler que l'adopté n'ajoutera pas à son nom celui de l'adoptant : une telle convention ne saurait être homologuée par la justice, car, outre l'intérêt social,

comme nous l'avons montré plus haut, qui s'attache
à cette addition de nom, les termes de l'art. 347 C. N.
sont impératifs et formels. Nous croyons aussi que la
contre-lettre que les parties auraient faite dans le but
d'empêcher cette addition de nom, ne saurait produire
aucun effet : *Ea quœ lege fieri prohibentur si fuerint facta,
non solùm pro inutilibus, sed etiam pro infectis haberi
placet.*

Enfin, si, après la perfection de l'adoption, l'adopté
n'ajoutait à son nom celui de l'adoptant, l'adoption
cependant ne saurait être attaquée pour cette cause,
car la sanction du devoir que méconnaît alors l'adopté
est purement morale.

II. — Le second effet produit par l'adoption est un
obstacle au mariage que la loi, dans l'art. 348 C. N.,
établit entre l'adoptant, l'adopté et ses descendants;
entre les enfants adoptifs d'un même individu; entre
l'adopté et les enfants qui pourraient survenir à l'adoptant; entre l'adopté et le conjoint de l'adoptant, et
réciproquement entre l'adoptant et le conjoint de
l'adopté. Ces empêchements s'appliquent à des personnes entre lesquelles une certaine parenté civile existe;
on peut les expliquer aussi par des considérations morales et surtout par le danger qu'il y aurait à permettre le mariage entre des personnes qui souvent habitent
le même toit.

L'énumération, dans l'art. 348 C. N. des empêchements de mariage que fait naître l'adoption étant
limitative, il en résulte que le mariage est permis
entre toutes personnes autres que celles qui sont désignées dans cet article : par exemple, entre l'adoptant

et le conjoint d'un enfant de l'adopté, ou entre l'adopté et la sœur de l'adoptant. De même l'art. 348 ne prohibe le mariage ni entre l'adopté et les ascendants de l'adoptant, ni entre l'adopté et les enfants naturels de l'adoptant. Dans le premier cas, le danger que cet empêchement a pour but d'éviter n'était nullement à craindre en présence du grand âge que doit avoir nécessairement l auteur de celui qui adopte : le silence de la loi s explique donc suffisamment. Mais nous ne pouvons en dire autant en ce qui concerne le second cas : il peut en effet arriver que l'enfant naturel de l'adoptant habite sous le même toit que l'adopté : le danger que le législateur a voulu prévenir existerait donc, si la prohibition ne s'appliquait à ce cas. Jusqu'à un certain point même, il serait permis de la conclure directement de l'art. 348 : il prohibe le mariage entre l adopté et les enfants qui pourraient survenir à l'adoptant, il ne distingue pas si ces enfants sont légitimes ou naturels. Cette prohibition doit donc s'appliquer aussi bien aux enfants naturels survenus après l'adoption, qu'aux enfants légitimes. Quoiqu'il puisse y avoir quelque doute pour appliquer la même règle aux enfants naturels nés avant l'adoption, nous croyons cependant qu elle leur est aussi applicable. Les mêmes raisons de décider se présentent en effet : bien plus, la prohibition se trouve même avoir une plus grande raison d être, car l'âge de ces enfants naturels se rapproche d avantage de celui de l'adopté.

On s'est demandé si les empêchements au mariage créés par l'art. 348 C. N. étaient dirimants ou simplement prohibitifs. Les auteurs sont divisés sur la solution à donner cette question. Nous sommes de l'avis de ceux qui pensent que ces empêchements sont simplement prohibitifs : en effet, il n'y a de nullités, en matière de mariage, que celles qui sont établies par un texte formel et positif : or l'art. 184 C. N., qui prononce les nullités de mariage, renvoie uniquement aux art. 144, 147, 161, 162, 163 C. N., sans s'occuper des cas prévus par l'art. 348 C. N.

On s'est demandé encore si l'adoption produisait l'alliance entre le conjoint de l'adopté et l'adoptant. Quelques auteurs soutiennent la négative, en disant que l'adoption est un contrat dont les effets sont circonscrits entre l'adoptant et l'adopté, et que le conjoint de celui-ci étant tout à fait étranger à l'adoption, aucun lien ne saurait en résulter entre ce conjoint et l'adoptant. Nous croyons au contraire, ainsi que l'a décidé, le 6 décembre 1844, la Cour de cassation, toutes Chambres réunies, que l'adoption produit l'alliance entre le conjoint de l'adopté et l'adoptant. Nous n'avons en effet qu'à examiner les droits et les devoirs que l'adoption crée entre l'adoptant et l'adopté, pour nous convaincre que les effets de l'adoption ne sont pas aussi restreints qu'on veut bien le dire.

L'alliance étant la relation qui se forme par le mariage entre l'un des époux et les parents de l'autre, si l'on veut reconnaître de quelles personnes l'époux de l'adopté est l'allié, il faut d'abord rechercher de quelles personnes l'adopté est parent. Or si l'adoption ne produit en général d'effets qu'entre l'adoptant et l'adopté, laissant l'adopté étranger aux parents de l'adoptant, et, si par suite, l'époux de l'adopté ne

devient pas leur allié, il en est autrement à l'égard de
l'adoptant lui-même. En effet d'après l'art. 347 C. N.
l'adoption confère à l'adopté le nom de l'adoptant,
d'après l'art. 348 elle fait naître entre l'adoptant, son
conjoint ou ses descendants et l'adopté, et réciproquement, une prohibition de mariage; d'après l'art. 349
elle soumet l'adoptant et l'adopté à l'obligation réciproque de se fournir des aliments ; d'après l'art. 350 elle
donne à l'adopté sur la succession de l'adoptant les
mêmes droits qu'aurait un enfant légitime ; enfin
d'après les art. 299 et 312 C. P. . elle aggrave, comme
la paternité légitime, les crimes et les délits commis
par l'adopté contre la personne de l'adoptant : nous
pouvons donc en conclure que si tous les effets qui
découlent de la paternité légitime n ont pas été déclarés
communs a l'adoption, ceux que nous venons d'énu-
mérer suffisent pour lui donner le caractère d une
paternité qui, pour être moins étendue que la paternité légitime, n'en est pas moins légale. Or puisque
l'adoptant et l'adopté sont, suivant la loi, parents en
ligne directe, l'adoptant et le conjoint de l'adopté, par
une conséquence nécessaire, sont alliés au même degré. Nous montrerons encore, plus loin, en parlant des
droits des descendants de l'adopté sur la succession de
l'adoptant, que le lien résultant de l'adoption n'est pas
aussi restreint que le pensent quelques auteurs.

Comme conséquence de la théorie que nous venons
de soutenir, nous croyons que l'adoptant et le mari
de la femme adoptée ne peuvent, en même temps,
être membres du même conseil municipal : l'art. 11
de la loi du 5 mai 1855 dit en effet que les parents au

degré de père et de fils et les alliés au même degré, ne peuvent, en même temps, être membres du même conseil municipal.

Pour compléter cet ordre d'idées, nous devons nous demander de quelles personnes l'adopté doit, en cas de mariage, réclamer le consentement ou le conseil. D'après l'art. 348 C. N. l'adopté restant dans sa famille naturelle, il devra donc, s'il veut se marier, se conformer aux dispositions des art. 148 à 156 C. N. Mais que décider si l'adopté n'a plus ni père ni mère, ni ascendants dans l'une et l'autre ligne ? Devra-t-il, en ce cas, réclamer le consentement ou le conseil de l'adoptant ? Il semblerait que le respect et l'attachement que l'adopté doit avoir pour son père adoptif devraient faire répondre affirmativement; nous croyons cependant que l'adopté peut alors se marier sans avoir besoin de demander ni consentement ni conseil, car la loi ne lui impose pas une telle obligation. Il résulte en effet de l'examen des travaux préparatoires du Code, que la section de législation du Tribunat avait proposé de placer avant l'art. 347 C. N. une disposition ainsi conçue : « L'adoptant exercera sur l'adopté l'autorité des père et mère telle qu'elle est réglée par les lois à l'égard des mineurs. » Si une telle disposition avait été acceptée, elle aurait eu pour effet, ainsi qu'on peut le voir, d'attribuer à l'adoptant la puissance paternelle sur l'adopté avec tous ses effets. Mais cette disposition ne pouvant se concilier avec celle de l'art. 348 qui déclare que l'adopté reste dans sa famille naturelle, elle fut repoussée, et, du rejet qui en a été fait, on doit conclure que l'adopté reste sous la puissance des auteurs de ses

jours quant au consentement dont il a besoin pour se
marier : or si les ascendants de l'adopté sont morts et
par conséquent qu'il ne soit plus sous leur puissance,
on peut dire : *Cessante causâ, cessat effectus* ; personne
ne peut dire que l'adopté tombe alors sous la puissance
de l'adoptant, car, comme le disait le tribun Gary dans
son discours au Corps législatif : « Le projet de loi a
séparé de l'adoption tout ce qui avait trait à la puissance du père, il n'en a conservé que les bienfaits. »

III. — Le troisième effet produit par l'adoption est la
dette d'aliments qu'elle crée entre l'adoptant et l'adopté l'un envers l'autre (art. 349 C. N.). Cette dette
continue d'exister entre l'adopté et ses père et mère
naturels (et aussi, évidemment, avec ses ascendants et
ses alliés). Si le Code, dans l'article précité, ne parle que
des père et mère naturels, c'est afin d'établir la comparaison entre eux et les père et mère adoptifs, seuls
ascendants possibles par l'adoption.

Relativement à la proportion dans laquelle les aliments sont dus et au mode suivant lequel ils doivent
être fournis, on doit suivre les règles tracées dans les
art. 208, 209, 210, 211 C. N. Mais dans quel ordre les
père et mère ou les enfants adoptifs devront-ils les aliments, lorsqu'ils seront en présence de parents légitimes ou d'alliés qui les doivent aussi ? Comme l'adopté
a, vis-à-vis de l'adoptant, le même droit de succession
que l'enfant légitime lui-même, son obligation sera
donc la même, de telle sorte que si une personne avait
deux fils, l'un légitime et l'autre adoptif, elle pourrait
réclamer des aliments de ses deux enfants en même
temps. L'adoptant au contraire, n'ayant aucun droit de

succession sur les biens de l'adopté, les principes exigent qu'il ne soit tenu de la dette alimentaire envers celui-ci, qu'autant qu'il n'existera aucun descendant ou ascendant légitime de l'adopté en état de la fournir : *Ubi successionis emolumentum, ibi et onus (alimentorum) esse debet.* Toutefois l'adoptant serait tenu de la dette avant aucun allié, car, s'il n'a pas plus que les alliés le droit de successibilité, il a du moins civilement le titre de père, et nous croyons que cela suffit pour que son obligation soit plus étroite.

L'obligation pour l'adopté de fournir des aliments à l'adoptant ne s'étend pas aux ascendants de celui-ci : l'adopté en effet leur reste complétement étranger soit quant au lien de parenté et aux droits successifs, il ne doit donc être tenu envers eux d'aucune obligation. Devons-nous dire comme le décident Grenier et Delvincourt que les descendants de l'adopté sont entièrement étrangers à l'adoptant, et que la dette alimentaire n'existe pas entre ces descendants et l'adoptant? La solution de cette question, comme on peut le voir, est très-importante : car, suivant que nous considérerons les enfants légitimes de l'adopté comme étant civilement les petits-fils de l'adoptant, ou que nous les regarderons comme lui étant étrangers, nous devrons leur accorder ou leur refuser le droit de recueillir sa succession de leur chef ou par représentation, et déclarer que la dette alimentaire existe ou n'existe pas entre ces descendants et l'adoptant. Bien que nous n'ayons pas de textes formels pour résoudre la question, nous croyons cependant, comme l'enseignent plusieurs auteurs (Proudhon, t. 2, p. 139; Toullier, t. 2, n° 1015 ; Marcadé,

t. 2, p. 114), que le lien de parenté civile qui se forme entre l'adoptant et l'adopté, s'étend aux enfants de celui-ci. Nous n'en donnerons pas pour raison l'empêchement au mariage qui existe entre eux, car cet empêchement, ainsi que nous l'avons expliqué plus haut, existe entre d'autres personnes qui ne deviennent pas parents civils, et se justifie par un motif d'honnêteté publique ; mais nous dirons que la loi a dû supposer à l'adoptant la pensée de s'attacher comme descendance civile la postérité de l'adopté ; que la tendresse de l'adoptant pour l'adopté se reporte naturellement sur les enfants de celui-ci, *amor primo descendit*; que les descendants de l'adopté portent comme leur père le nom de l'adoptant ; enfin que le droit de succession spéciale accordé à l'adoptant par les art. 351, 352 C. N. sur les biens par lui donnés à l'adopté n'existe que quand cet adopté ne laisse aucun descendant légitime. La réunion de ces circonstances nous paraît indiquer suffisamment, que dans la pensée de la loi, la parenté fictive de l'adoption règne entre l'adoptant et les descendants de l'adopté, sans distinguer, ainsi que le fait Merlin, entre les enfants de l'adopté qui étaient nés avant l'adoption et ceux qui ne sont nés que depuis. De la solution que nous donnons, l résulte évidemment que la dette alimentaire subsiste entre l'adoptant et les descendants de l'adopté.

L'adoption, ainsi que nous pouvons en juger par les effets qu'elle produit, n'est assurément qu'une image bien imparfaite de la paternité réelle : devons-nous cependant conclure de là que les dispositions qui établissent des incapacités et des présomptions fondées sur les qualités de père et d'enfant ne sont pas applicables à l'adoptant et à l'adopté ? Ainsi l'adopté peut-il être assigné comme témoin dans un procès civil où figure l'adoptant ? L'art. 268 du Code de procédure est-il sans application en ce qui le concerne ? En est-il de même de l'art. 911 C. N., et doit-on dire que la donation faite à l'adopté, alors que l'adoptant est incapable de recevoir, n'est pas réputée faite à ce dernier par personnes interposées ? Les auteurs qui examinent la question lui donnent généralement une solution négative et pensent que l'on doit appliquer à l'adoptant et a l'adopté les incapacités et les présomptions fondées sur les qualités de père et d'enfant. Sans doute, disent-ils, l'adoption ne crée qu'un rapport imparfait de paternité et de filiation ; mais il est bien cependant le type de celui que la loi a établi, et c'est ainsi qu'il apparaît toujours, malgré les altérations diverses que la loi lui fait subir. Ces auteurs en trouvent la preuve dans l'art. 299 du Code Pénal qui qualifie de parricide le meurtre des père ou mère adoptifs, et dans l'art. 312 du même Code qui applique la même théorie pour le cas de coups ou blessures donnés volontairement à l'adoptant par l'enfant adoptif.

IV. — Le quatrième effet produit par l'adoption est un droit de succession que la loi accorde à l'adopté : l'art. 350 C. N. dit en effet : « L'adopté n'acquerra aucun droit de successibilité sur la succession des parents de l'adoptant ; mais il aura sur la succession de celui-ci les mêmes droits que ceux qu'y aurait l'enfant né en mariage, même quand il y aurait d'autres enfants de cette dernière qualité nés depuis l'adoption. » Cet article pose donc trois règles à l'égard de l'adopté : nous

avons déjà eu l'occasion de citer la première, à savoir
que l'adopté n'a aucun droit de succession vis-à-vis
des différents membres de la famille de l'adoptant ; les
deux autres règles se trouvent indiquées dans la partie
finale de l'art. 350 que nous venons de citer : l'adopté
a dans la succession de l'adoptant les mêmes droits
qu'un enfant légitime proprement dit, mais ce sont
seulement les droits ordinaires sur la succession qu'il
acquiert; les autres droits d'enfant légitime ne lui
sont point accordés par la loi : nous citons ces règles
en commençant, car elles nous seront d'un grand secours pour résoudre les difficultés qui pourront s'é-
lever relativement à l'étendue de ces droits que la loi
accorde à l'adopté sur la succession de l'adoptant.

Du principe que l'adopté a sur la succession de l'a-
doptant les droits d'un enfant légitime, il résulte qu'il
a tous les droits héréditaires ordinaires, tous ceux qui
découlent des règles générales constituant le système
légal des successions : ainsi il succède à l'adoptant à l'exclusion de ses collatéraux, de ses ascendants, et à bien
plus forte raison de son conjoint : les ascendants n'ont
dès lors aucun droit à la réserve qu'ils eussent pu réclamer si l'adoption n'avait pas eu lieu. L'adoptant a-t-il
eu des enfants légitimes postérieurement à l'adoption :
l'adopté concourt avec eux de la même manière que
s'il était enfant légitime. L'adoptant a-t-il plusieurs
enfant adoptifs : tous ont, quant à la succession de l'a-
doptant, les mêmes droits que s'ils étaient enfants légitimes. Si nous supposons l'adopté en présence d'un
enfants naturel reconnu, celui-ci verra sa portion réduite au tiers de ce qu'il aurait eu s'il eût été enfant
égitime (art. 757).

L'adopté a droit aussi à une réserve sur les biens de l'adoptant : la réserve est la quotité non disponible du patrimoine de l'adoptant, c'est-à-dire la portion de biens qu'il doit laisser dans sa succession *ab intestat* ; la réserve constitue donc un véritable droit de succession, et dès lors l'adopté y a droit incontestablement. Mais si les auteurs sont presque unanimes pour reconnaître ce droit à l'adopté, ils sont loin de s'entendre sur la portée qu'il faut lui accorder : suivant Delvincourt, l'adopté ne peut exercer sa réserve que sur les biens que l'adoptant laisse au jour de son décès et dont il aura disposé par legs. Cette réserve ne saurait, dit-il, s'appliquer aux donations entre vifs antérieures ou postérieures à l'adoption, puisque l'art. 350 n'accorde de droit à l'adopté que sur la succession de l'adoptant, et que ces biens ayant été donnés irrévocablement ne s'y trouvent plus. Suivant Grenier et Toullier, la réserve de l'adopté doit porter tant sur les biens dont l'adoptant a disposé par donations entre vifs postérieures à l'adoption, que sur les biens qu'il laisse au jour de son décès : mais elle ne saurait atteindre les donations faites avant l'adoption. Nul ne peut, disent ces auteurs, révoquer ou diminuer, par son fait personnel, les droits qu'il a concédés à des tiers : l'adoption ne doit donc pas porter atteinte aux donations qui lui sont antérieures, mais les donations postérieures ne doivent, en aucune façon, nuire aux droits qu'elle a fait naître. D'ailleurs l'adopté ne devait pas compter sur des biens qui n'étaient déjà plus dans le patrimoine de l'adoptant lorsque l'adoption s'est formée. Enfin, suivant Merlin et l'annotateur de Toullier, la réserve de l'adopté se trouve régie par les mêmes principes que celle de l'enfant né en mariage, et s'exerce tant sur les biens donnés antérieurement ou postérieurement à l'adoption que sur ceux que l'adoptant laisse au jour de son décès. C'est ce dernier système qui nous a paru préférable, par les motifs que nous allons expliquer ci-après.

La réserve, ainsi que nous l'avons montré plus haut, est un véritable droit héréditaire : or l'art. 350 C. N. disant que l'adopté a vis-à-vis l'adoptant les mêmes droits héréditaires que l'enfant né en mariage, il n'y a qu'à rechercher sur quels biens porte la réserve de l'enfant né en mariage pour avoir la solution de notre question. D'après les dispositions des art. 913 et suivants du C. N., l'enfant né en mariage a le droit de prendre, à titre de succession, et comme hérédité qui ne peut jamais lui être enlevée par des dispositions gratuites mêmes *antérieures* à sa naissance. la moitié, les deux tiers ou les trois quarts des biens du père, selon qu'il est seul ou qu'il doit partager avec un ou plusieurs enfants : il résulte donc de là que, pour calculer la réserve, il faut considérer non pas la fortune du père au moment de la confection de la donation ou du testament, mais celle qu'il eût laissée à son décès, s'il n'eût fait aucune libéralité ; tous les biens dont il a disposé gratuitement avant ou après la naissance de l'enfant doivent donc entrer dans le calcul de la réserve : dès lors, faisant application de ces règles à l'adopté, puisque la loi, relativement aux droits héréditaires, ne distingue pas entre l'adopté et l'enfant né en mariage, et que *ubi lex non distinguit nec nos distinguere debemus*, nous pouvons dire avec raison que sa réserve doit porter non-seulement sur les biens que l'adoptant laisse à son décès, mais aussi sur ceux dont il a disposé à titre gratuit antérieurement ou postérieurement à l'adoption.

C'est pourquoi nous pouvons conclure que si, à la mort de l'adoptant, un testament ou des donations entre vifs avaient fait sortir de son patrimoine une portion de biens plus grande que celle dont la loi permet la disposition gratuite au préjudice du droit héréditaire des enfants, l'adopté, soit seul, soit avec des enfants nés du mariage, pourrait faire réduire les legs ou donations et faire rentrer dans la succession la portion qu'un enfant légitime a droit d'y trouver ; la réserve de l'adopté atteint aussi l'institution contractuelle que l'adoptant aurait faite à son conjoint.

On dira peut-être que, considéré socialement, le système que nous soutenons, recèle plus de mal que de bien, puisque, pour quelques cas d'adoption qui sont, il est vrai, d'une application assez rare, il semble ébranler un principe dont l'application est des plus fréquentes et la portée des plus fécondes, celui de l'irrévocabilité des donations. Quelle union, nous dira-t-on, se formera avec sécurité sur la foi d'une institution contractuelle, lorsqu'on craindra de voir la libéralité s'évanouir quelque jour, et alors que, des enfants étant survenus, la famille en éprouverait le plus de besoin ! Ce reproche assurément serait juste s'il était fondé, mais il n'en est rien : la théorie que nous avons développée ne porte nullement atteinte au principe de l'irrévocabilité des donations : basée sur le principe du droit de réserve qui se trouve écrit aussi dans la loi, elle ne fait qu'en appliquer les conséquences ; elle frappe de réduction les libéralités de l'adoptant qui portent atteinte à la réserve, mais elle ne les révoque pas : or il ne faut pas confondre le droit de réduction et le droit de révocation, car ils n'ont rien de commun et sont marqués par des différences essentielles : la révocation fait rentrer, de plein droit, les biens donnés dans la main du donateur, sans aucune charge du passé ; la réduction doit être demandée et ne peut s'exercer au préjudice des aliénations faites par le donateur : la révocation pour survenance d'enfant ne peut profiter qu'au seul donateur ; la réduction ne profite au contraire qu'à celui qui a la réserve légale.

Nous pensons aussi que si, postérieurement à l'adoption, l'adoptant s'est marié, l'adopté pourra, comme un enfant légitime né d'un précédent mariage, réclamer, contre les dispositions faites par l'adoptant à son époux, la réduction établie par l'art. 1098 C. N. Aux termes de cet article, l'homme ou la femme qui ayant des enfants d'un autre lit contractera un second ou subséquent mariage ne pourra donner à son nouvel époux qu'une part d'enfant légitime le moins prenant, et sans que dans aucun cas ces donations puissent excéder le quart des biens. MM. Zachariæ, Aubry et Rau (t. 4, p. 24) ne sont pas de cet avis. Cette réserve spéciale, objectent-ils, ne saurait s'étendre à l'adopté puisque l'art. 1098 par son texte même ne s'applique qu'aux enfants nés *d'un autre* lit : d'ailleurs lorsqu'il s'agit d'un enfant adoptif, le motif de l'article n'existe plus puisqu'il est fait en haine des secondes noces. Ces objections nous paraissent tomber naturellement en présence de l'art. 350 C. N. qui assimile entre eux l'adopté et l'enfant né en mariage quant à tout ce qui concerne la succession de l'adoptant. D'un autre côté, ce n'est véritablement pas la haine des secondes noces qui a dicté la disposition de l'art. 1098 ; cette disposition a eu surtout pour but, comme nous le dit Pothier (*Traité des don. entre vifs*, sect. 3, art. 8), « d'empêcher la femme qui se remarie de donner trop d'atteinte aux parts que ses enfants des précédents mariages ont droit d'attendre de sa succession.... » Or relativement à la succession de l'adoptant, l'art. 350 mettant l'adopté sur la même ligne que l'enfant né en mariage, les droits que l'adoption lui confère doivent donc être protégés contre le mariage subséquent de l'adoptant.

Du principe que l'adopté a sur la succession de l'adoptant les droits d'un enfant légitime, nous pouvons dire encore qu'il fait, par sa présence, obstacle à l'ouverture du droit de retour légal établi par l'art. 747 C. N. en faveur des ascendants donateurs. Cet article dit en effet : « Les ascendants succèdent à l'exclusion de tous autres, aux choses par eux données à leurs enfants ou descendants décédés sans postérité lorsque les objets donnés se retrouvent en nature dans la succession. Si les objets ont été aliénés, les ascendants recueillent le prix qui peut en être dû : ils succèdent aussi à l'action en reprise que pouvait avoir le donataire. » C'est donc à titre de successeur que l'ascendant donateur vient reprendre les biens par lui donnés à son descendant; la loi en portant cette décision n'a pas voulu que l'ascendant eût à la fois la douleur de perdre son enfant et les biens auxquels il tenait peut-être beaucoup : *ne et filiæ amissœ et pecuniœ damnum sentiret* (l. 6. pr. D. *De jur. dot.*) : une telle conséquence eût pu empêcher l'ascendant de faire la moindre libéralité. La loi a donc établi ce droit de succession anomale en faveur de l'ascendant, mais il ne peut l'exercer qu'autant que son descendant est mort sans postérité réelle ou fictive, car la loi ne distingue pas : or, aux termes de l'art. 350 C. N., l'adopté, ayant sur les biens de l'adoptant les mêmes droits que l'enfant né en mariage, doit donc exclure aussi l'ascendant donateur.

L'adopté, nous l'avons déjà dit, ne succède pas aux parents de l'adoptant ; son droit de succéder ne s'étend pas au delà de la succession de ce dernier, et dès lors il ne saurait venir par représentation à la succession des ascendants de son père adoptif. Relativement aux descendants de l'adopté, nous croyons qu'ils ont droit à la même réserve que leur auteur, dans la succession de l'adoptant, et qu'ils peuvent recueillir cette succession soit par représentation en cas de prédécès de l'adopté leur père, soit de leur chef en cas de renonciation ou d'indignité de l'adopté. L'adoption, comme nous l'avons dit plus haut, doit les faire considérer comme étant civilement les petits-fils de l'adoptant : or, d'après les art. 739 C. N. et suivants, tout descendant légitime a le droit de représenter son auteur défunt, c'est-à-dire qu'il jouit d'une fiction qui l'identifie avec le défunt en sorte que c'est cet auteur qui est réputé toujours vivre en lui. Dès lors le descendant de l'adopté étant légalement, par la fiction de la représentation, l'adopté lui-même, doit donc pouvoir exercer tous les droits que l'adopté exercerait lui-même s'il

vivait encore et par là recueillir la succession de l'adoptant. Mais un enfant adoptif de l'enfant adoptif n'aurait pas ce droit, puisque l'adopté n'acquiert aucun
droit de succession sur les biens de l'ascendant de
l'adoptant. Nous en dirons autant pour l'enfant naturel
de l'adopté : la reconnaissance dont il a été l'objet ne
l'a rattaché qu'à ses père et mère et n'a établi aucune
relation entre lui et la famille de ceux-ci.

Du principe que la parenté fictive créée par l'adoption
règne entre l'adoptant et les descendants de l'adopté,
nous déduisons comme conséquence que les descendants
légitimes de l'adopté pourront aussi succéder de leur
chef à l'adoptant. Ainsi l'adoptant est-il mort laissant
son fils adoptif et un neveu : si l'adopté renonce à la
succession de l'adoptant, comme ses descendants
légitimes ne pourront venir à cette succession par
représentation, car on ne représente pas les personnes
vivantes, nous disons qu'ils pourront y venir de leur
chef, car le lien de parenté civile qui les unit à l'adoptant leur donne une vocation qui leur est propre pour
venir à la succession de celui-ci (30 mai 1868, Cour de
Nancy : *V.* D. 6e cahier 1868, 2e partie, p. 122).

Nous avons dit que les droits des enfants adoptifs
dans leurs rapports avec l'adoptant sont absolument
les mêmes que ceux dont jouissent les enfants nés en
mariage : toutefois cette identité n'existe que quant
aux droits de succession ; il existe d'autres droits qui
appartiennent aux enfants légitimes et que n'ont pas
les enfants adoptifs. Ainsi : 1o la survenance d'un
enfant légitime révoque de plein droit les donations
faites antérieurement à sa naissance par son père ou

par sa mère qui au moment de la donation n'avait pas d'enfant actuellement vivant ; les donations faites par l'adoptant subsistent au contraire nonobstant l'adoption, ainsi que nous allons le démontrer ; 2º la présence d'un enfant légitime peut faire obstacle au droit de retour conventionnel dont il est parlé dans l'art. 951 C. N. ; la présence d'un enfant adoptif n'a point cet effet.

Et d'abord nous disons que l'adoption n'emporte pas révocation, pour cause de survenance d'enfant, des donations faites par l'adoptant. La donation, dit la loi (art. 960 C. N.)`, sera révoquée par la survenance d'un enfant *légitime* ou *légitimé* : or un enfant adoptif, n'étant ni légitime, ni légitimé, ne saurait produire cette révocation. Il est vrai qu'aux termes de l'art. 350 C. N. l'adopté a sur la succession de l'adoptant les mêmes droits qu'un enfant né en mariage, mais la révocation ne constitue point un droit de succession. Il ne s'agit point ici d'un droit des enfants du donateur, mais d'un droit du donateur lui-même. C'est surtout en faveur de ce dernier que la loi a établi cette cause de révocation, car les biens reviennent non à l'enfant, mais au donateur qui reste maître d'en disposer comme bon lui semble, ce qui faisait dire autrefois à Furgole : « En tout cela, l'intérêt de l'enfant n'y est pour rien » (Quest., 16, nº 11). Pothier lui aussi disait : « La raison de cette révocation est que celui qui, n'ayant pas d'enfant fait une donation, ne la fait qu'à cause de la persuasion où il est qu'il n'aura pas d'enfant ; que s'il prévoyait en avoir, il ne donnerait pas : d'où on a tiré la conséquence que la donation devait être censée contenir en soi une clause tacite et implicite de la révocation en cas de survenance d'enfant. » La loi romaine disait aussi : *Propter liberos adoptivos , post donationem assumptos , eamdem non posse revocari. firmiter statuendum est.* La révocation pour cause de survenance d'enfant n'a donc pas lieu en faveur de l'enfant, mais en faveur du donateur : par conséquent l'adopté ne saurait l'invoquer de son chef ; l'adoptant ne pourrait pas non plus l invoquer du sien , car aucun texte ne lui procure les bienfaits de la paternité réelle.

En second lieu , nous avons dit que la présence de l'enfant adoptif ne faisait point obstacle au droit de retour conventionnel dont il est parlé dans l art. 951 C. N. Il peut arriver qu'une donation soit faite sous la condition que les biens retourneront au donateur s'il survit soit au donataire seul , soit à celui-ci et à ses enfants : ce retour de biens au donateur , qui a lieu lorsque la condition insérée par les parties dans le contrat de donation vient à se réaliser , est ce que l'on appelle un retour conventionnel : la stipulation du droit de retour n est pas contraire au principe de l'irrévocabilité des donations , puisque la condition dont il dépend n'est pas potestative de la part du donateur : nous disons que l enfant adoptif ne fait point obstacle à l ouverture de ce droit de retour : en effet si nous supposons une donation faite par une personne à une autre qui n a qu'un fils , sous la condition que les biens donnés reviendront au donateur si celui-ci survit au donataire et à son fils il est évident qu'il n'y aura alors aucune difficulté, car les parties sont nommément désignées dans l'acte ; mais il peut arriver que la

11

donation soit faite à une personne sans enfants au
moment de la donation et que le donateur stipule le
droit de retour pour le cas où il survivra au donataire
et à ses descendants ; devons-nous dire alors que si le
donataire adopte un enfant', celui-ci fera obstacle au
droit de retour ? Nous ne le pensons pas : d'après les
principes généraux de notre droit, il faut toujours interpréter les conventions selon l'intention des parties :
or dans notre espèce si le donateur avait voulu étendre
aux enfants adoptifs l'avantage résultant de la donation,
il l'eût proclamé formellement : par descendants
on entend ordinairement les enfants issus du mariage,
tandis que les enfants adoptifs constituent une descendance fictive et exceptionnelle : ils ne sauraient donc
faire obstacle au droit de retour conventionnel qu'autant que le donateur en aurait décidé ainsi.

V. — Le cinquième effet produit par l'adoption est
le droit pour l'adoptant et ses descendants légitimes, de
recueillir certains biens laissés, par l'adopté ou ses
descendants, dans leurs successions. Nous allons d'abord
examiner le cas où il s'agit du droit de succession de
l'adoptant, puis en second lieu nous parlerons du cas
relatif à celui de ses descendants.

En principe la succession de l'adopté se trouve réglée
d'après le droit commun et comme s'il n'y avait pas
eu d'adoption. La loi, ne voulant pas que l'adoption eût
pour mobile la cupidité, mais bien l'intérêt et l'attachement que l'adoptant doit avoir pour l'adopté, n'a pas
cru devoir attribuer à l'adoptant, au détriment des
parents de l'adopté, les biens sur lesquels ces derniers
pouvaient avoir quelque espérance, puisque l'adoption

n'avait pas fait sortir l'adopté de leur famille. Toutefois, comme le disait le tribun Gary dans son discours au Corps Législatif, il était juste et utile que le législateur fît une exception à cette règle et qu'il ne laissât point passer dans la famille de l'adopté les biens qui lui venaient de l'adoptant. Si l'affection de l'adoptant pour l'adopté a pu le porter à se dessaisir de ses biens en sa faveur, il n'est pas présumable en effet qu'il ait voulu se dépouiller, lui et sa postérité, pour enrichir une famille étrangère ; et ce serait l'accabler s'il avait en même temps à gémir sur la perte de l'objet de son affection, et à déplorer celle de ses biens. De plus, en portant une telle disposition , c'était, de la part du législateur , encourager des libéralités qui , fondées sur des motifs honorables et répandues avec choix , sont presque toujours des moyens de prospérité publique.

Tels sont les motifs qui ont dicté les articles 350 et 351 C. N : ces articles confèrent à l'adoptant et à ses descendants un droit de succession anomale sur les biens donnés à l'adopté par l'adoptant. C'est là une succession exceptionnelle , car, selon la rigueur des principes, ce sont les parents naturels de l'adopté qui devraient recueillir les biens qui se trouvent dans la succession de celui-ci ; mais la loi n'a pas cru devoir laisser aux parents de l'adopté de libéralités qui ne leur étaient pas destinées. Ce droit accordé à l'adoptant et à ses descendants se nomme droit des retour ou de réversion. Ici, par opposition à ce qui est écrit dans l'art. 732 C. N., c'est la provenance et l'origine des biens qui fixe le droit de retour : les biens remontent à leur source. C'est là un véritable droit héréditaire semblable à celui que l'art. 747 C. N. confère à l'ascendant donateur sur les biens par lui donnés à ses enfants ou descendants morts sans postérité.

Pour que l'adoptant puisse prendre ces biens, l'art. 351 C. N. exige deux conditions : 1° que l'adopté soit mort sans postérité ; 2° que les biens donnés existent en nature dans sa succession. — La première condition s'explique par ce motif que l'adoptant en faisant une libéralité à son fils adoptif est censé avoir voulu donner aussi à la postérité de celui-ci : dès lors la présence d'un seul descendant légitime, à quelque degré qu'il soit, fera obstacle à l'ouverture du droit de retour. Mais que décider si l'adopté ne laisse point à sa mort de descendant légitime, mais seulement un enfant adoptif ? La présence de cet enfant empêchera-t-elle l'ouverture du droit de retour ? Nous croyons qu'il faut répondre affirmativement. Nous avons soutenu plus haut, il est vrai, que la présence d'un enfant adoptif ne faisait pas obstacle à l'ouverture du droit de retour conventionnel ; mais il y a une profonde différence entre ce cas et celui qui nous occupe en ce moment. Dans le premier cas le droit de retour est réglé d'après les termes de la stipulation écrite dans le contrat de donation et le donateur pourrait, si bon lui semblait, stipuler que la présence même d'un enfant adoptif empêchera l'ouverture de son droit de retour : dans notre hypothèse au contraire c'est la loi qui règle l'ouverture du droit de retour, et c'est la pensée de la loi que nous devons rechercher pour donner une solution à notre question. Or, en examinant les dispositions des art.

350 et 351 C. N. , nous voyons que si dans ce dernier article la loi ne parle que de la présence de descendants *légitimes* comme pouvant faire obstacle au droit de retour, l'art. 350 au contraire accorde à l'enfant adoptif les mêmes droits qu'a l'enfant légitime sur la succession de l'adoptant : dès lors, · partant du principe que le droit de retour écrit dans l'art. 351 est un véritable droit de succession, nous pouvons dire : tout descendant légitime fait obstacle à l'ouverture de ce droit de retour ; l'adopté, ayant sur la succession de l'adoptant les mêmes droits que l'enfant né en mariage . doit donc aussi empêcher l'ouverture du droit de retour. La loi en parlant ainsi semble confirmer ce que nous avons dit plus haut, à savoir, que l'adoptant faisant une libéralité à son fils adoptif est censé avoir voulu en faire jouir sa postérité. La loi ne faisant pas de distinction, nous ne devons pas distinguer non plus entre la postérité réelle et fictive : dans les deux cas il faut appliquer cette maxime : *In favorem prolis potiùs inclinandum est.*

Si l'adopté laisse plusieurs enfants, l'adoptant ne pourra recueillir que dans la succession du dernier mourant les choses par lui données. Il résulte en effet de la combinaison des art. 351 et 352 C. N. que l'adoptant ne pourra distraire de la succession les biens par lui donnés, qu'autant que cette succession viendrait à passer à des ascendants ou à des collatéraux de l'adopté. Ainsi quand l'adopté vient à mourir laissant deux fils dont l'un vient aussi à mourir, toute la succession appartient au second fils ; de même si l'adopté laisse un petit-fils et un fils qui lui-même vient à mourir, toute la succession appartient au petit-fils. Toutefois si les descendants que l'adopté laisse à sa mort venaient à renoncer à la succession de leur auteur, comme alors on peut dire qu'il n'y a plus de descendants *quant à la succession*, l'adoptant pourrait alors reprendre les biens par lui donnés.

La seconde condition exigée pour l'exercice du droit de retour de l'adoptant, est que les biens par lui don-nés se retrouvent en nature dans la succession de l'adopté, ou dans celle du dernier mourant de ses descendants. L'adopté ou ses descendants avaient en effet sur ces biens un pouvoir absolu (*plena in re potestas*) : ils ont donc pu en disposer selon leur volonté, sans que l'adoptant donateur ait à critiquer leurs actes : en décider autrement, c'eût été de la part du législateur porter atteinte à la prospérité publique, car d'un côté il aurait empêché la transmission de ces biens en des mains qui les auraient fait prospérer, et d'un autre côté il aurait créé une source de procès et de contestations entre les tiers qui auraient possédé ces biens, et l'adoptant qui serait venu les réclamer. Ainsi donc, pour qu'il y ait lieu à réclamer, de la part de l'adoptant, les biens par lui donnés doivent se retrouver en nature dans la succession de l'adopté ou du dernier mourant de ses descendants (art. 351, 352 comb).

Toutefois il peut se faire que les biens donnés par l'adoptant ne soient pas sortis d'une manière irrévocable du patrimoine de l'adopté et que celui-ci ait une action en reprise pour les faire rentrer sous sa main : si l'adopté vient à mourir sans postérité, l'adoptant pourra-t-il exercer cette action ?

On est généralement d'accord pour reconnaître ce droit à l'adoptant : on ne peut pas dire en effet que les biens donnés n'existent plus en nature puisqu'ils ne sont pas sortis irrévocablement de la succession de l'adopté et que rien d'équivalent n'est venu les y remplacer. Par analogie du droit qui est accordé, en pareil cas , à l'ascendant donateur par l'art. 747 C. N., nous reconnaissons donc à l'adoptant le droit d'exercer l'action en reprise que possédait l'adopté. *Qui actionem habet ad rem recuperandam, ipsam rem habere videtur.*

Il peut se faire aussi que les biens donnés par l'adoptant aient été aliénés et que le prix en soit encore dû : l'adoptant pourra-t-il recueillir ce prix ? La question est controversée. M. Duranton, qui reconnaît à l'adoptant le droit d'exercer l'action en reprise , lui refuse le droit de recueillir le prix résultant de l'aliénation des biens par lui donnés , alors que ce prix est encore dû : il en donne pour motifs le silence de la loi dans les art. 351, 352, et la différence qui existe entre le cas prévu par l'art. 747 C. N et celui qui nous occupe. D'autres auteurs (Malleville, art. 351 ; Delvincourt, t. 1, p. 96 ; Marcadé , art. 351), à l'avis desquels nous nous rangeons, pensent, au contraire, que le droit au prix des biens aliénés tombe sous l'exercice du droit de retour qui appartient à l'adoptant. Nous croyons en effet que les art. 351 et 352 C. N. dans lesquels le législateur a reproduit le premier alinéa de l'art. 747, renferment aussi virtuellement et le droit à l'action et le droit au prix qui peut être dû. Si en effet on reconnaît à l'adoptant le droit à l'action, pourquoi lui refuser le droit au prix, alors que, relativement à ces deux droits, les art. 351 et 352 sont muets ? De plus, si, dans l'art. 747, le donateur, pour le prix de la chose, alors que le donataire est mort sans postérité, se préfère aux héritiers de celui-ci, lesquels sont ordinairement ses frères ou ses neveux, c'est-à-dire des descendants légitimes du donateur, à plus forte raison doit-on admettre la solution de l'art. 747 pour le cas qui nous occupe, puisque l'adopté étant mort sans postérité, il a pour héritiers des individus complétement étrangers à l'adoptant. L'analogie qui existe entre le droit de retour tel qu'il est réglé dans l'art. 747 et celui qui est accordé à l'adoptant par les art. 351 et 352 est donc très-grande : on peut dire que ces deux droits sont de même nature et que ces articles se complètent l'un par l'autre.

Il résulte des termes de l'art. 350 C. N., que l'adoptant ou ses descendants contribuent au payement des dettes de la succession en proportion de la valeur des biens qu'ils y prennent : pour déterminer la portion dans laquelle chacun doit contribuer aux dettes, il n'y a qu'à faire une ventilation, c'est-à-dire à comparer les dettes avec la succession, et cette comparaison établit les obligations respectives de chacun. Ainsi supposons que l'adopté laisse une fortune de 40,000 fr., et que la valeur des biens faisant retour soit de 10,000 fr. : la proportion étant alors celle de 4 à 1, l'adoptant devra donc payer le quart des dettes, et les trois autres quarts resteront à la charge des autres héritiers.

Outre l'obligation aux dettes, l'adoptant et ses descendants doivent respecter les droits que des tiers peuvent avoir acquis sur les biens qui font retour : ils reprennent en effet les choses en nature, c'est-à-dire dans l'état où elles se trouvent. Les droits d'usufruit, ou d'usage, ou les servitudes que l'adopté a constitués doivent donc être respectés par l'adoptant et ses descendants sans qu'ils puissent réclamer d'indemnité aux autres héritiers. « Les biens, dit M. Duranton (n° 322), s'estimeront d'autant moins pour fixer la contribution aux dettes, mais voilà tout. » Relativement aux hypothèques dont peuvent être grevés les biens faisant retour, elles doivent aussi être respectées ; mais comme elles ne diminuent en rien le droit de propriété et ne sont qu'une sûreté du payement de l'obligation, les biens s'estiment comme s'ils n'étaient point grevés, et les dettes hypothécaires font partie de la masse des charges, au paiement desquelles chacun contribue dans la proportion que nous avons indiquée plus haut.

Nous avons dit que les descendants de l'adoptant pouvaient aussi recueillir, dans la succession de l'adopté, les biens donnés par leur auteur, lorsque l'adopté était mort sans postérité : le droit que la loi accorde à ces descendants se trouve régi par les diverses règles que nous venons d'expliquer, sauf deux différences dont l'une le rend plus avantageux et l'autre moins.

Il peut se faire en effet que l'adopté, en plus des biens qui lui avaient été donnés par l'adoptant, ait, dans la succession de celui-ci, recueilli d'autres biens d'une valeur importante : dans ce cas, les descendants de l'adoptant recueillent dans la succession de l'adopté les premiers et les seconds de ces biens : sous ce point de vue, ils ont donc un droit plus étendu que celui de l'adoptant.

Mais d'un autre côté ce droit aux biens provenus de l'adoptant, par donation, par testament ou par succession légitime, est, relativement aux descendants de l'adoptant, restreint quant à son exercice : ainsi l'adoptant, nous l'avons vu, peut exercer son droit, non-seulement sur la succession de l'adopté mort sans postérité, mais encore sur la succession du dernier de ses descendants mort sans enfants ; les descendants de l'adoptant au contraire ne peuvent exercer leur droit que sur la succession de l'adopté mort sans postérité, et ne sauraient, comme leur auteur, l'exercer sur la succession d'un descendant de cet adopté.

Sous tout autre rapport le droit de ces descendants est soumis aux mêmes règles que celui du père adoptif.

CHAPITRE II.

DE L'ADOPTION RÉMUNÉRATOIRE.

Cette seconde espèce d'adoption est appelé rémunératoire, parce que, comme le dit M. Demolombe (t. 6, p. 70), elle est la récompense d'un acte de grand dévouement. L'homme qui, au milieu de dangers où il eût infailliblement perdu la vie, s'en voit arraché par un autre au péril de ses jours, ne saurait assurément lui donner de plus grande récompense, ni lui témoigner davantage sa reconnaissance, qu'en l'appelant son fils et en lui prodiguant son amour et ses soins paternels.

Cette adoption est dite aussi privilégiée parce qu'à raison des sentiments nobles et généreux qui l'inspirent, la loi la dispense de plusieurs des formalités né-

cessaires pour l'adoption ordinaire. Le législateur devait
certainement en décider ainsi, car il est moral et exem-
plaire de favoriser l'expression de la reconnaissance de
celui qui s'est vu sauver d'une manière inespérée :
encourager des actes propres à développer les nobles
sentiments dans le cœur de l'homme, c'était faire entrer dans nos lois une de ces règles qui dominent
partout et toujours, car la morale n'a pas d'âge ni de
patrie. Le législateur a donc sagement agi en permettant une telle adoption.

L'art. 345 C. N., qui réglemente cette seconde espèce
d'adoption, dit : « On peut adopter celui qui a sauvé la
vie à l'adoptant, soit dans un combat, soit en le retirant
des flammes ou des flots. » Devons-nous dire que l'énumération faite par cet article est limitative, et que
l'adoption rémunératoire n'est permise que dans l'un
des trois cas indiqués par l'art. 345 ? Devons-nous au
contraire y voir seulement une énumération donnée à titre d'exemple ? D'après Proudhon, t. 1, p. 197,
et Toullier t. 2, n° 989, l'art. 345 est limitatif : comme
la loi ne se relâche ici des conditions ordinaires que
pour le cas d'exception qu'elle détermine, on ne doit
pas, d'après eux, en ajouter d'autres. Nous croyons au
contraire, avec la plupart des auteurs, qu'il ne faut voir
que des exemples dans les trois cas cités par l'art 345.
Ceci résulte en effet de l'exposé des motifs de M. Berlier au Corps législatif : « Nous avons maintenant à
vous entretenir d'une espèce d'adoption dirigée..... envers celui dont on a reçu le service extraordinaire de
la conservation de sa propre vie, dans des circonstances propres à signaler un grand dévouement. » (Locré,

t. 6, p. 608.) — « On ne voit pas pourquoi, dit aussi M. Valette, t. 2, p. 197, on refuserait ce droit à celui qui, se dévouant au salut d'autrui, se précipite dans l'intérieur d'un édifice qui s'écroule, ou bien se fait descendre dans un puits ou dans une mine où gisent de malheureux asphyxiés ? Il est telle circonstance de cette nature où le libérateur aura couru un danger physique beaucoup plus grand que dans certains cas exprimés dans l'art. 345. Pourquoi dès lors protéger davantage les trois hypothèses citées par cet article ? Nous croyons donc que l'esprit de la loi semble exiger seulement que la vie de l'adoptant ait été sauvée aux risques de celle de l'adopté, et que ces risques soient manifestes (Demolombe, t. 6, p. 70 ; Duranton, t. 3, n° 284 ; Duvergier sur Toullier, t. 2, n° 989 ; Marcadé, art. 345, n° 7 ; Odilon Barrot, *Encyclop. du droit,* n° 48).

De ce que la loi, selon notre opinion, dans l'art. 345 C. N., semble exiger un acte *certain* de *pur* dévouement dans lequel l'adopté a exposé sa propre vie, nous ne regardons donc pas comme permise l'adoption rémunératoire d'un médecin qui pendant une épidémie a soigné un malade et lui a procuré une guérison, ces soins formant une partie essentielle du devoir médical. Nous en dirons autant pour un avocat qui aurait prêté son ministère à un individu frappé d'une accusation capitale. Dans ces deux carrières, que l'on a appelées à juste titre carrières libérales, l'étendue des devoirs doit aller jusqu'au dévoûment, la noblesse de ces professions l'exige ainsi ; le sentiment du devoir ne se mesure pas à l'étendue du danger.

L'adoption rémunératoire, dans sa forme et dans ses

effets, est semblable à l'adoption ordinaire, mais elle en diffère en ce qui concerne les conditions requises de la part de l'adoptant, qui, aux termes de l'art. 345 *iniffine* doit remplir quatre conditions :

1º L'adoptant doit être majeur : cette condition s'explique facilement, car l'adoption n'est qu'un contrat du droit civil, environné de formalités plus solennelles, il est vrai, que les autres contrats, et pour contracter valablement il faut être majeur ; l'adoption est en outre irrévocable et la loi a bien fait d'exiger de la part de l'adoptant une maturité d'esprit que n'a pas le mineur.

2º L'adoptant doit être plus âgé que l'adopté : ainsi il n'est pas utile que l'adoptant ait quinze ans de plus que l'adopté, il suffit qu'il ait un jour de plus que celui-ci pour que l'adoption puisse avoir lieu. Sans l'intérêt que mérite le dévouement de l'adopté, dans l'adoption rémunératoire, nous comprendrions plus difficilement pourquoi il suffit que l'adoptant soit plus âgé que l'adopté. S'il eût été monstrueux qu'il pût être plus jeune, il faut convenir qu'il est presqu'aussi monstrueux de voir que l'adoptant puisse n'avoir que quelques jours de plus que l'adopté. Cette règle prouve encore combien il serait inexact de prendre dans un sens absolu le brocard : *Adoptio naturam imitatur.*

3º L'adoptant ne doit avoir au moment de l'adoption ni enfants ni descendants légitimes : cette condition est la même que celle qui est exigée, en pareil cas, dans l'adoption ordinaire : une telle adoption aurait porté préjudice aux droits des enfants légitimes, et la loi ne pouvait permettre cela.

4º L'adoptant, s'il est marié, doit obtenir le consentement de son conjoint : l'harmonie qui doit régner dans le ménage l'exigeait ainsi : sans cela la présence de l'enfant adoptif eût pu être la source de discordes dans le ménage, et la loi devait prévenir ce résultat.

Telles sont les conditions exigées par la loi de la part de l'adoptant pour l'adoption rémunératoire. Ainsi elle n'exige pas qu'il ait cinquante ans, ni quinze ans de plus que l'adopté, ni qu'il ait fourni pendant six années au moins des secours à l'adopté ; elle ne dit pas non plus qu'il doit jouir d'une bonne réputation, mais cette condition est évidemment sous-entendue; d'ailleurs c'est à la justice à apprécier la moralité de l'adoptant, ce qu'elle peut faire d'autant mieux, que, relativement à la décision qu'elle rend au sujet de l'adoption, elle n'a pas besoin de la motiver.

En ce qui concerne les conditions requises de la part de l'adopté, pour l'adoption rémunératoire, nous croyons qu'elles ne diffèrent en rien de celles de l'adoption ordinaire, même quant à la condition que celui qui est l'objet d'une adoption n'ait pas déjà été adopté, si ce n'est par le conjoint de l'adoptant.

Nous dirons enfin, pour terminer ce chapitre, que si la cause de l'adoption rémunératoire était simulée, si les services n'avaient pas été réellement rendus, les héritiers de l'adoptant pourraient, après la mort de celui-ci, attaquer l'adoption, à la charge pour eux de prouver le fait sur lequel reposerait leur demande.

CHAPITRE III.

DE L'ADOPTION TESTAMENTAIRE.

La troisième espèce d'adoption est appelée testamentaire parce qu'elle est faite dans un testament par le
tuteur officieux en faveur de son pupille. La loi ne la
permet qu'à celui qui, étant depuis un certain temps
tuteur officieux d'un enfant, craint de mourir avant la
majorité de cet enfant, sans pouvoir dès lors lui conférer l'adoption ordinaire.

I. — La loi soumet cette adoption à trois conditions
spéciales :

1° Le testament qui confère l'adoption doit avoir été
fait au moins après cinq ans révolus depuis l'établissement de la tutelle officieuse (art. 366 C. N.). Le
législateur, en exigeant cette condition, a voulu que le
tuteur officieux eût le temps d'apprécier le caractère
de son pupille et de voir en outre s'il était digne des
soins qu'il lui donnait. C'est, en un mot, un temps d'é-
preuve pour le tuteur et le pupille, et de cette manière
l'adoption testamentaire est la preuve d'un attachement
véritable et sincère, et non le résultat d'un caprice de
la part de l'adoptant.

Cependant il peut se faire que le tuteur officieux,
craignant que la mort ne le surprenne et ne lui laisse
pas le temps de tester, fasse son testament avant l'expiration des cinq ans depuis l'ouverture de la tutelle, et
qu'il ne vienne à mourir qu'après l'expiration de ces
cinq années : que doit-on décider alors ? l'adoption faite
dans ce testament sera-t-elle valable ? Cette question

est controversée : les uns, pour soutenir l'affirmative, disent que l'affection du testateur pour son pupille doit prouver suffisamment la volonté bien arrêtée qu'il avait de l'adopter, car s'il eût voulu révoquer son testament il aurait pu facilement le faire, après l'expiration des cinq années ; que par conséquent s'il ne l'avait pas fait, c'était, de sa part, persévérer dans sa volonté première et vouloir que l'adoption écrite dans son testament produisit son plein et entier effet (Odilon Barrot, *Encyc. du droit* , nº 63). D'autres au contraire, à l'avis desquels nous nous rangeons, soutiennent que l'adoption écrite dans un testament fait avant l'expiration des cinq ans depuis l'ouverture de la tutelle officieuse, ne saurait être valable, et, qu'en décider autrement ce serait méconnaître les principes généraux du droit et l'art. 366 C. N. Pour juger, disent-ils, la validité d'un testament, il faut examiner si le testateur était capable de tester à la double époque de la confection du testament et de sa mort : or, dans notre hypothèse, le testateur, ayant fait son testament avant l'expiration des cinq ans depuis l'établissement de la tutelle officieuse, a testé dans une période pendant laquelle, aux termes de l'art. 366 C. N., il ne pouvait conférer l'adoption à son pupille : il se trouvait donc frappé d'incapacité à l'époque de la confection du testament ; dans le principe cette disposition était donc nulle et sans aucune existence légale ; dès lors, elle ne saurait produire des effets dans l'avenir : *Quod ab initio nullum est , nullum producit effectum.*

Lorsque le tuteur officieux méconnait la disposition de l'art. 366 C. N., il y a de sa part vice d'incapacité personnelle : sa volonté, aux yeux de la loi, n'est pas assez éclairée. En vain objecterait-on que la volonté du testateur est présumée durer jusqu'au moment de son décès, puisque en ce qui concerne l'adoption testamentaire, cette volonté ne s'est pas légalement manifestée et qu'il ne peut être question de maintenir ce qui n'existe pas. Autre chose est en effet de faire un testament, autre chose de ne pas révoquer un testament précédemment fait. On appliquerait donc ici, comme le dit M. Duranton, la règle Catonienne (*Quod si testamenti facti tempore decessit testatore inutile foret ; id legatum quandocumque decesserit, non valere. L. 1 D. De reg. Cat.*) créée précisément pour les dispositions testamentaires, au nombre desquelles est assurément le don d'adoption par testament puisqu'elle confère des droits de succession (Zachariæ, IV, p. 26 ; Valette, II, p. 270 ; Demolombe. VI, 73).

2° Il faut que le tuteur officieux décède avant la majorité de son pupille et sans avoir révoqué son testament (art. 366). Ainsi la loi veut que l'adoption testamentaire soit sans effet, si le pupille arrive a sa majorité du vivant de son tuteur officieux. C'est en effet seulement en prévoyance de son décès avant la majorité du pupille que la loi permet au tuteur de l'adopter par acte testamentaire. C'est donc un mode d'adoption auquel la loi accorde un certain privilége, et dès lors il ne doit pouvoir s'exercer qu'autant que le mode d'adoption ordinaire n'est pas possible, sinon c'est ce dernier qui doit être employé (art. 368 C. N.). On ne doit donc pas dire, comme le prétend M. Chardon (v, *Puissance tutélaire*, n° 85), que l'adoption testamentaire subsiste si le tuteur officieux vit encore à la majorité de l'adopté et qu'il n'y a pas besoin d'une nouvelle adoption ; le contraire résulte évidemment des articles 366 et 368 C. N.

Cependant il peut se faire que le tuteur officieux vienne à mourir quelques jours ou même quelques heures seulement après la majorité du pupille : doit-on dire que l'adoption testamentaire s'évanouit définitivement et que le pupille ne peut plus invoquer ette clause du testament ? Taulier, t. 1, p. 468, dit que le testament cesse d'être valable. En l'absence d'aucun texte, nous ne croyons pas que l'on puisse aller jusque-là. Nous croyons, comme l'enseigne M. Demolombe (t. VI, p. 75), que le moyen donné au tuteur officieux cesserait d'être efficace si le testament n'était pas valable pendant le temps nécessaire à l'adoption contractuelle. Le législateur, en effet, en accordant au tuteur officieux l'adoption testamentaire, a voulu lui permettre d'adopter son pupille, comme nous l'avons déjà dit, dans la prévoyance du cas où la mort ne lui permettrait pas de recourir à l'adoption ordinaire. N'est-il pas évident dès lors que cette faveur serait complétement dérisoire, si l'adoption testamentaire s'évanouissait à l'instant même où le pupille devient majeur et avant que celui-ci et son tuteur aient eu moralement sinon matériellement le temps de se transporter devant le juge de paix et de consentir à l'adoption ? Un certain délai est donc nécessaire, et puisque la loi ne l'indique pas, c'est aux tribunaux qu'il appartient de décider, selon la situation dans laquelle se sont trouvées les parties, si, depuis la majorité du pupille, il s'est écoulé un délai tel qu'il eût été ou non suffisant pour qu'une nouvelle adoption pût avoir lieu avant la mort du tuteur officieux. Au premier cas l'adoption devra être valable, car il n'y a eu aucune négligence de la part du tuteur et du pupille ; dans le second cas au contraire l'adoption testamentaire ne sera pas valable, car les parties ont joint leur négligence au peu de cas qu'ils ont fait des dispositions de la loi, ce qui ne sert qu'à aggraver leur faute.

3° La troisième condition exigée par la loi pour l'adoption testamentaire, c'est que le testateur ne laisse en mourant aucun descendant légitime (art. 366 C. N.). Cette condition, du même genre que celle qui est écrite dans l'art. 343 pour l'adoption ordinaire, a été dictée par les mêmes considérations. La loi exigeant que le testateur ne *laisse* en mourant aucun descendant, il importe donc peu qu'il ait eu des enfants, soit après avoir fait son testament, soit même à ce moment, pourvu que tous soient morts avant lui. D'après MM. Odilon Barrot (*loc. cit.*, n° 50) et Taulier (t. 1, p. 468), l'adoption faite par le tuteur officieux ne vaudrait pas, si celui-ci, à l'époque de la confection de son testament, avait des enfants, alors même qu'ils seraient morts avant lui. Mais cette doctrine ne saurait se soutenir en présence des termes de l'art. 366 qui n'exige la présence d'enfants légitimes du testateur qu'à la mort de celui-ci ; d'un autre côté, ce testament n'est qu'un projet qui ne doit se réaliser et conférer l'adoption qu'à la mort du testateur.

L'adoption testamentaire ne devant produire d'effets qu'à la mort du testateur, c'est-à-dire à une époque ou son mariage sera dissous, l'adoptant n'a pas besoin du consentement de son conjoint : les mêmes raisons de décider n'existent pas en effet comme dans le cas d'adoption ordinaire.

II. — Comme cela résulte de son nom, cette adoption se fait par acte testamentaire : le tuteur officieux peut, si bon lui semble, recourir soit au testament olographe, ou au testament mystique, ou au testament authentique, la loi n'ayant point, quant à l'adoption testamentaire, restreint les formes dans lesquelles elle permet de tester.

Cette adoption, étant, comme nous l'avons déjà dit, une véritable disposition testamentaire, il en résulte que le testateur peut, comme pour toute disposition de ce genre, la révoquer, à son gré, pendant toute sa vie. Il en résulte aussi que cette disposition se suffit à elle-même, c'est-à-dire qu'il n'est nullement besoin, pour qu'elle soit valable, que le testateur l'accompagne d'une disposition quelconque de biens. Enfin si l'acte testamentaire qui la contient ne peut, pour cause d'inobservation des formes, valoir comme testament, il ne saurait par la même raison valoir quant à l'adoption testamentaire.

Le Code Napoléon ne soumettant l'adoption dont nous nous occupons qu'à la condition d'être faite par acte testamentaire, nous en devons conclure qu'elle est dispensée de l'homologation de la justice et de l'inscription sur les registres de l'état civil. Décider le contraire ce serait déclarer nulles toutes les adoptions testamentaires qui ne seraient pas homologuées par la justice ni inscrites sur les registres de l'état civil : or il ne nous appartient pas d'écrire des cas de nullité alors que la loi est muette. On comprend d'ailleurs que l'adoption testamentaire ne soit pas soumise à l'homologation de la justice, car elle ne produit d'effets qu'à la mort du tuteur officieux, c'est-à-dire à une époque où les héritiers de ce dernier ont un intérêt né et actuel à critiquer l'adoption, et dès lors il est peu probable qu'ils laissent se réaliser une adoption qui ne remplirait pas les conditions exigées par la loi. Quant à l'inscription sur les registres de l'état civil, si la loi ne l'a pas ordonnée, c'est sans doute parce qu'elle aurait pu n'être que temporaire. L'adoption testamentaire quoique régulièrement faite, ne doit pas en effet être regardée comme existant définitivement : le tuteur officieux a bien pu donner à son pupille la qualité d'enfant, mais pour que ce legs soit valable, il faut qu'il soit accepté par le pupille ou par ses représentants, sans cela l'adoption ne saurait être définitive. Or comment sera faite cette acceptation et quels en seront les effets ? La loi est muette à ce sujet. La plupart des auteurs pensent que les représentants de l'adopté pourront accepter l'adoption, sauf à ce dernier à la ratifier lorsqu'il sera arrivé à sa majorité. La qualité de fils est trop importante pour qu'elle puisse être attribuée à l'enfant malgré lui : on comprend dès lors que si l'adopté refusait de ratifier l'adoption acceptée pour lui par ses représentants, l'inscription faite sur les registres de l'état civil deviendrait inutile, et il serait étrange de voir changer ainsi des inscriptions au sujet desquelles les tiers ne sauraient à quoi s'en tenir. Nous pouvons donc dire que l'adoption testamentaire ne devient irrévocable qu'autant qu'elle se trouve acceptée par l'adopté devenu majeur ; tant que cette acceptation n'a pas eu lieu, le pupille peut répudier l'adoption.

L'adoption testamentaire une fois parfaite par l'acceptation du pupille devenu majeur, tous les effets de
l'adoption ordinaire se produisent, moins, bien entendu,
ceux que la mort de l'adoptant rend inutiles.

Après avoir parlé de l'adoption testamentaire, nous
allons dire quelques mots de la tutelle officieuse qui est
une de ses conditions essentielles.

APPENDICE.

DE LA TUTELLE OFFICIEUSE.

La tutelle officieuse est un contrat de bienfaisance
par lequel une personne s'oblige à nourrir, à élever
gratuitement un mineur, à administrer sa personne et
ses biens, à l'adopter quand il sera majeur, ou au
moins à lui donner des secours s'il n'est pas en état de
gagner sa vie. C'est là une institution toute nouvelle,
née des progrès de la discussion lors de la rédaction
du Titre VIII relatif à l'adoption : c'est, comme le disait
M. Berlier, un acte qui complète notre système de
bienfaisance, et qui, sans attribuer aucun des effets de
l'adoption, ni en être la voie nécessairement prépara-
toire, en est plus exactement l'auxiliaire. Les règles
relatives a la tutelle officieuse sont tracées par
la loi dans le chapitre II du titre VIII : comme la
tutelle officieuse est une institution on peut dire presqu'inutile, (nous dirons notre avis à ce sujet en terminant ce travail), nous allons examiner brièvement les
règles auxquelles elle se trouve soumise.

I. *Conditions.* — La tutelle officieuse étant un contrat, elle exige le consentement de celui qui veut deve-

nir tuteur officieux et celui du mineur ou plutôt de ses
représentants , car la loi ne reconnaît pas au mineur
une capacité suffisante pour pouvoir contracter (art.
1124 C. N.), Mais quels seront les représentants du
mineur en cette circonstance ? Il résulte des travaux
préparatoires du Code et des termes de l'art. 361 C. N.
que c'est le consentement des père et mère du mineur
ou du survivant d'entre eux que le tuteur officieux
doit obtenir. Si ces parents sont morts ou dans l'impossibilité de manifester leur volonté , le tuteur officieux doit s'adresser au conseil de famille. La loi en
disant dans l'art. 361 que le tuteur officieux doit obte-.
.nir le consentement des père et mère ou du survivant
et à leur défaut celui du conseil de famille, il ne faut
pas entendre par là que la pluralité des membres composant le conseil de famille pourrait l'emporter sur la
volonté du père qui refuserait son consentement. Ce
serait une erreur d'interpréter ainsi ces mots : *à leur
défaut*, de l'art. 361 : en parlant ainsi le législateur n'a
eu en vue que le cas où il n'existerait ni père et mère
de l'enfant en état de donner ou de refuser leur consentement. On ne doit pas dire non plus que ce n'est qu'à
défaut d'aïeul ou d'aïeule que le conseil de famille doit
être consulté, car ce serait ajouter à la loi. La loi , dit
dans le même article , que si l'enfant n'a pas de parents
connus, il devra être suppléé à son consentement par
celui des administrateurs de l'hospice où il a été
recueilli , ou par celui de la municipalité du lieu de sa
résidence. Par municipalité il faut entendre ici le maire
de la commune , car, depuis la loi du 28 pluviôse an
VIII, l'administration de la commune dite municipalité

a fait place à un administrateur unique qui est le maire
et à défaut un de ses adjoints. C'est donc par inadver-
tance et par suite de souvenirs encore récents alors,
que le législateur s'est servi du mot *municipalité*. Nous
ne pensons donc pas que par cette expression , municipalité, il faille entendre le conseil municipal , comme
le prétendent quelques auteurs.

La tutelle officieuse étant, comme nous l'avons dit,
un moyen d'arriver à l'adoption, la loi exige du tuteur
officieux plusieurs conditions auxquelles elle soumet
l'adoptant dans l'adoption ordinaire. Ainsi la loi exige :
1° Que le tuteur officieux soit âgé de plus de cinquante
ans. Comme la tutelle officieuse indique le désir d'adopter, elle pourrait, comme le disait M. Berlier dans son
exposé des motifs, s'il était permis de suivre cette première impulsion avant l'âge de cinquante ans , étouffer
dès ce moment toutes dispositions au mariage. La loi
ne devant point affaiblir ces dispositions tant qu'elles
sont dans la nature et dans l'intérêt social, on a pensé
qu'il convenait, même quant à l'âge, d'imposer au
tuteur officieux les mêmes conditions qu'à l'adoptant.
2° La loi exige en outre, par des motifs identiques à
ceux qui lui ont fait prescrire des dispositions semblables pour l'adoption ordinaire, motifs que nous avons
expliqués plus haut, que le tuteur officieux n'ait ni
enfants ni descendants légitimes. 3° Qu'il obtienne s'il
est marié le consentement de son conjoint (art. 360,
362, C. N.). M. Duranton (n° 334) fait remarquer que le
tuteur officieux doit être capable aussi de gérer la tutelle ordinaire, attendu que la tutelle officieuse est une
véritable tutelle. Il pose toutefois une exception en

faveur des femmes qui en général ne peuvent pas être tutrices, et il se fonde sur ce que la tutelle officieuse est un préliminaire de l'adoption et que l'adoption est permise aux femmes. C'est aussi l'avis de Toullier (n° 1026). Il n'existe, en effet, aucune raison pour leur interdire la tutelle officieuse, et la généralité des termes de l'art. 361 semble leur reconnaître ce droit. Dans ce cas, la femme qui confère la tutelle officieuse déclare par cela même qu'elle veut tenir lieu de mère à l'enfant qu'elle désire adopter et dont elle devient, en quelque sorte, par anticipation la tutrice légale.

De son côté, le pupille doit être âgé de moins de quinze ans, pour qu'il puisse, ainsi que la loi l'exige, recevoir les soins du tuteur pendant six années de minorité. Nous croyons en outre, bien que le texte ne le dise pas, que le pupille ne doit être soumis alors à aucune tutelle officieuse, si ce n'est à celle du conjoint du tuteur officieux. La tutelle officieuse, nous le répétons encore, est un moyen d'arriver à l'adoption, elle a pour base l'affection profonde du tuteur pour son pupille et le vif désir qu'il a de l'adopter; or nous avons vu que nul ne peut être adopté par plusieurs si ce n'est par deux époux : à quoi bon dès lors permettre que le pupille soit soumis à la tutelle officieuse de plusieurs personnes puisqu'une seule d'entre elles peut l'adopter? il ne saurait donc y avoir d'exception que pour le cas que nous avons indiqué. Du reste cette administration des biens et de la personne du pupille, par plusieurs personnes indépendantes les unes des autres, ne se comprendrait guère.

II. *Forme.* — La seule forme exigée pour l'établissement de la tutelle officieuse, c'est un procès-verbal du juge de paix constatant les consentements respectifs du tuteur et des personnes chargées de représenter le pupille. L'art. 363 C. N. dit en effet : « Le juge de paix du domicile de l'enfant dressera procès-verbal des demandes et consentements relatifs à la tutelle offi-cieuse. » A la différence de ce qui a lieu pour l'adoption ordinaire, c'est ici le juge de paix du domicile de l'en-fant qui dresse le procès-verbal ; il s'agit d'une tutelle, et il est de principe que la tutelle s'organise au domi-cile du mineur (art. 406 C. N.).

Ce procès-verbal est signé tant par le tuteur officieux que par ceux qui consentent à l'adoption , quoique, à la rigueur, la signature de ceux-ci ne soit pas néces-saire. Toullier (n° 1028) fait remarquer que si le tuteur officieux ne sait pas signer, il doit , suivant la règle générale, en être fait mention.

Quoique ce soit là une tutelle. comme nous l'avons dit , il ne faudrait pas cependant croire , comme le dit M. Magnin (t. 1, n° 552), qu'il doit y avoir un subrogé-tuteur (art. 420 C. N.). Il s'agit d'un genre particulier de tutelle , et l'intervention d'un subrogé-tuteur aurait été un embarras et un contrôle qui aurait détourné les citoyens de la tutelle officieuse (Duranton, n° 340).

La loi n'exige pas non plus l'homologation par la justice du contrat passé devant le juge de paix , comme elle le fait pour l'adoption ordinaire , car dans ces deux cas le contrat formé devant le juge de paix n'est pas le même quant à ses effets. Enfin cet acte est soumis à un droit fixe de 50 fr. (Loi du 28 avril 1816 , art. 48).

III. — Effets. La tutelle officieuse est une des conditions indispensables pour arriver à l'adoption testamentaire. Elle facilite aussi l'adoption ordinaire puisqu'elle assure au pupille des secours et des soins non interrompus pendant six années de minorité au moins. Enfin, en principe, et sauf diverses exceptions, elle impose au tuteur officieux, d'après les termes de l'art. 364 C. N., les mêmes obligations et lui confère les mêmes pouvoirs qu'à un tuteur ordinaire. Par suite, l'ascendant qui donne son consentement à la tutelle officieuse abdique nécessairement une partie de ses droits, car le tuteur officieux prend l'engagement de nourrir le pupille, de l'élever et de le mettre en état de gagner sa vie, ce qui entraîne évidemment avec soi une certaine autorité sur la personne. Nous n'irons pas jusqu'à dire cependant que les auteurs du pupille cessent d'avoir la puissance paternelle. Il est en effet de ces droits primordiaux auxquels l'homme, par une convention même expresse, ne saurait renoncer, car ils entraînent avec eux des devoirs d'une telle importance, que la société tout entière est intéressée à leur accomplissement : tel est le droit de puissance paternelle avec les obligations qu'il impose. Aussi, relativement à l'autorité du tuteur officieux sur la personne du pupille, on doit dire que ce n'est là pour le tuteur qu'un pouvoir dont il use par délégation, en sorte que s'il y avait conflit de volonté entre le père du pupille et le tuteur officieux, la volonté du père devrait l'emporter. Ainsi le tuteur officieux ne pourrait pas donner au pupille une profession dont le père ne voudrait pas. Le choix d'une profession est en effet une chose trop importante et exerce trop d'influence sur

l'avenir de l'enfant et sur sa position dans la société
pour que le père en abandonne le choix au caprice du
tuteur : la voix de la nature trouve toujours un écho
dans le cœur d'un père malgré les obstacles qu'il lui
faut surmonter ; un père doit tenir trop à l'avenir de
son fils pour en abandonner la destinée à la volonté
du tuteur officieux. On objectera peut-être que la
tendresse du tuteur officieux pour le pupille est une
garantie suffisante, et que le père, en consentant à la
tutelle officieuse, renonce par cela même à l exercice de
sa puissance paternelle relativement à l administration
de la personne de-son fils (art. 365 C. N.) ; que la loi,
disant que le tuteur officieux prend l'engagement
d'élever le pupille et de le mettre en état de gagner sa
vie (art. 364), lui confère nécessairement le droit de lui
donner une profession. Quant à nous, nous ne saurions
admettre une telle opinion : le contrôle de la puissance
paternelle ne doit pas être méconnu, car il n'y a eu
que délégation de pouvoir.

Relativement au droit de correction, nous croyons,
s'il y avait lieu d'en user contre l'enfant, que le tuteur
officieux pourrait y recourir sans avoir besoin de consulter le père du pupille, car il est une des conditions
essentielles du droit d'éducation : si le droit que le
tuteur obtient du contrat de tutelle officieuse n'avait
aucune sanction, ce serait un droit inutile. En un mot
le pouvoir délégué au tuteur officieux comprend simplement ce qui regarde l'administration de la personne
du pupille et ne s'étend pas aux actes qui seraient la
négation de la puissance paternelle. Faisons remarquer
enfin que si le tuteur officieux mésusait du droit qui lui

est délégué, le père pourrait intervenir pour lui rappeler ses devoirs et le forcer à les remplir : le contrôle du père s'exerce donc toujours.

Comme un tuteur ordinaire, le tuteur officieux reçoit l'administration des biens du pupille. Toutefois cette règle ne nous paraît entièrement exacte que pour les biens qui ne seraient pas grevés de l'usufruit légal du père ou de la mère : car le consentement que cet auteur a donné à la tutelle officieuse ne peut être, dans le silence de la loi, considéré comme une cause de déchéance de l'usufruit légal, et partant les biens qui s'y trouvent soumis doivent continuer d'être adminis-trés par l'usufruitier. L'art. 365 paraît donc pécher en deux points lorsqu'il dit : « Si le pupille a quelque bien et s'il était antérieurement en tutelle, l'administration de ses biens..... passera au tuteur officieux. » En effet l'administration des biens que possède le pupille et dont aucun de ses deux auteurs encore vivants n'a la jouissance, passe au tuteur officieux, encore bien que ce pupille ne fût pas précédemment en tutelle. A l'in-verse l'administration des biens que possède le pupille, mais dont l'auteur survivant a l'usufruit légal, ne passe pas au tuteur officieux, bien qu'avant la tutelle officieuse le pupille se trouvât déjà en tutelle.

Relativement à l'administration des biens du pupille par le tuteur officieux, nous croyons que le père de l'enfant n'a nullement le droit d'y intervenir. Le tuteur officieux est en effet saisi directement par la loi de l'ad-ministration des biens du pupille et l'intérêt qu'il s'agit de sauvegarder, tout en n'étant pas le même que celui sur lequel le père exerce son contrôle, se trouve protégé par une hypothèque dont la loi frappe les biens du tuteur officieux (art. 2121 C. N.) Cette hypothèque étant une chose grave puisqu'elle frappe tous les biens du tuteur officieux, nous croyons qu'on pourrait, argumentant des dispositions de l'art. 367 C. N., décider que les conventions des parties pourraient fixer une limite à l'hypothèque et la restreindre à certains biens (art. 2141).

Indépendamment des effets qui précèdent, la tutelle officieuse en produit encore un qui lui est tout spécial : elle oblige le tuteur officieux à nourrir le pupille, a l'élever et le mettre en état de gagner sa vie (art. 364). Cette disposition explique pourquoi, aux termes de l'art. 365, le tuteur officieux ne peut jamais imputer les dépenses de l'éducation sur les revenus du pupille. Mais l'obligation du tuteur officieux ne portant que sur les dépenses relatives à la personne du pupille, il faut décider que, comme tout autre tuteur, il pourra se faire tenir compte des dépenses et des frais occasionnés par l'administration des biens du pupille.

Telles sont les obligations du tuteur officieux : durant la tutelle le contrôle en appartient aux représentants du pupille, comme nous l'avons expliqué plus haut ; en cas de conflit, c'est au tribunaux qu'il appartient de prononcer pour le plus grand avantage de l'enfant.

Les articles 364, 367, 369 autorisent les stipulations particulières par lesquelles les parties, dans le contrat passé devant le juge de paix, régleraient d'une manière spéciale les effets de la tutelle, soit en déterminant la manière dont le pupille devrait être élevé, soit en fixant d'avance, pour le cas où le tuteur viendrait à mourir avant la majorité du pupille et sans l'avoir adopté, le mode et le montant de ce qui pourrait être dû pour l'entretien de ce pupille ; soit en déterminant l'indemnité qu'il devrait pour le cas où le pupille arriverait à sa majorité sans être en état de gagner sa vie et sans être adopté.

Nous croyons que ces conventions, formant la loi des parties, doivent être respectées, *legem contractus dedit ;* si toutefois ces stipulations avaient pour but de diminuer tellement les charges de la tutelle officieuse, qu'elles enlèveraient à ce contrat son véritable caractère et se trouveraient en désaccord avec les prescriptions de la loi, elles ne sauraient être valables. Ainsi on ne pourrait stipuler, dans un contrat de tutelle officieuse, que tous les frais d'éducation du pupille seront supportés par ses propres revenus, car ce serait contraire à l'essence même du contrat de tutelle officieuse, qui met ces frais à la charge du tuteur officieux : dès lors un tel contrat, n'étant pas fait selon les conditions exigées par la loi, ne saurait produire les effets qu'elle a attribués à la tutelle officieuse.

IV. *Cessation de la tutelle officieuse.* — La tutelle officieuse peut prendre fin de trois manières : 1º par la demande qui en est faite par les représentants du mineur ; 2º par la mort du tuteur officieux pendant la minorité du pupille ; 3º par la majorité du pupille.

Nous pensons que les représentants du pupille, soit son père et sa mère, et à leur défaut ses plus proches parents, dans des cas très-graves, par exemple si le tuteur officieux donnait au pupille une éducation moralement vicieuse en l'excitant à la débauche et au libertinage, pourraient demander à la justice la cessation de la tutelle officieuse, dans l'intérêt du pupille. Ce serait, de la part des parents, manquer aux devoirs les plus sacrés, que de ne pas essayer de porter remède à l'avenir compromis de leur enfant.

2° La mort du tuteur officieux doit avoir naturellement pour effet de faire cesser la tutelle officieuse. Mais alors il faut distinguer si le tuteur officieux a, par acte testamentaire, valablement adopté ou non son pupille. Si le pupille a été l'objet d'une adoption testamentaire régulièrement faite, il faut se reporter à ce que nous avons dit plus haut, relativement à ce mode d'adoption. Si le pupille n'a pas été adopté par testament, que le tuteur ne l'ait pas pu ou ne l'ait pas voulu, « il lui sera, dit l'art. 367 C. N., fourni durant sa minorité des moyens de subsister, dont la quotité et l'espèce, s'il n'y a été antérieurement pourvu par une convention formelle, seront réglées soit amiablement entre les représentants respectifs du tuteur et du pupille, soit judiciairement en cas de contestation ». L'obligation contractée par le tuteur d'élever gratuitement le pupille passe donc à ses héritiers. Aussi nous ne pensons pas, quoique l'opinion contraire soit enseignée par un auteur recommandable (Delvincourt, t. 1, p. 108), que, dans le cas où le mineur aurait par lui-même des revenus suffisants pour fournir à son entretien, la succession du tuteur officieux soit libérée de l'obligation que la loi met à sa charge : car le propre du contrat qui a été formé est d'assurer à l'enfant, soit l'adoption, soit au moins une éducation gratuite. On doit appliquer le principe écrit dans l'art. 365, C. N.

Le règlement amiable de la quotité de la dette alimentaire nous paraît constituer par lui-même un acte
d'administration que le législateur a considéré comme
pouvant être valablement fait par les représentants du
mineur. S'il y a contestation à ce sujet, la loi dit alors
que les tribunaux en connaîtront : ils peuvent en cette
matière user de leur pouvoir discrétionnaire et se décider *ex æquo et bono.*

3° La tutelle officieuse prend fin aussi par l'arrivée
du pupille à sa majorité. Le tutelle officieuse n'est,
ainsi que nous l'avons vu, qu'un moyen pour arriver à
l'adoption : or quand l'enfant arrive à sa majorité, toute
tutelle cesse pour lui et il ne peut être adopté que dans
les formes indiquées au chapitre 1er comme tout individu majeur. Que va-t-il se passer alors ? L'art. 369 nous
l'indique en ces termes : « Si, dans les trois mois qui
suivront la majorité du pupille, les réquisitions par
lui faites a son tuteur officieux sont restées sans effet
et que le pupille ne se trouve pas en état de gagner sa
vie, le tuteur officieux pourra être condamné à indem-
niser le pupille de l'incapacité où celui-ci pourrait se
trouver de pourvoir à sa subsistance. — Cette indemnité se résoudra en secours propres à lui procurer un
métier : le tout sans préjudice des stipulations qui pourraient avoir eu lieu dans la prévoyance de ce cas. »

Lorsque le pupille arrive à sa majorité et que le
tuteur officieux ne manifeste pas l'intention de l'adopter, l'enfant a donc un délai de trois mois pour lui faire
des réquisitions à ce sujet. Mais ce délai est-il écrit
contre le pupille, et, ce délai passé, le pupille se trou-
vera-t-il déchu de son droit à une indemnité ? Les

auteurs sont divisés sur cette question : les uns (Marcadé, t. 2, p. 131 ; Valette sur Proudh., t. 1, p. 232 ; Duvergier sur Toull., II, 1035) pensent que ce délai est seulement écrit en faveur du tuteur qui ne peut être condamné avant l'expiration de ces trois mois. Cette idée, d'après ces auteurs, résulte du contexte de l'article qui dit que le tuteur ne pourra être condamné qu'après les trois mois. et non qu'il ne pourrait plus l'être après quatre ou cinq mois ; en décider autrement ce serait punir le pupille de la réserve respectueuse qu'il a montrée envers son tuteur.

D'autres auteurs, et parmi eux M. Demolombe (VI, 249), pensent au contraire que si le pupille n'a pas réclamé dans le délai de trois mois, il sera déchu de son droit à une indemnité ; c'est aussi cette opinion que nous croyons devoir suivre : il résulte des travaux préparatoires du Code que l'action du pupille à une indemnité doit être soumise à une courte prescription. Voici ce qu'on lit en effet dans le procès-verbal de la séance du Conseil d'Etat du 18 frimaire au XI . « On a pensé, dit le consul Cambacérès, qu'alors il était dû à cet enfant non un état, mais un métier ; et que si les parties ne s'accordaient pas sur ce point, les tribunaux deviendraient les arbitres de l'indemnité. Il faut au surplus que cette action résultant de l'indemnité se prescrive par un laps de temps fort court. — L'article, ajoute immédiatement le procès-verbal, est adopté avec ses amendements (Locré, t. 6, p. 569). En présence de ce document, l'esprit dans lequel est conçu l'art. 369 ne saurait donc être douteux.

Le même article ajoute que si le pupille n'est pas en

état de gagner sa vie, le tuteur officieux pourra être condamné à lui fournir des secours pour lui procurer un métier, à moins qu'il n'y ait eu des stipulations dans la prévoyance de ce cas. La loi donne en tout cela un pouvoir souverain d'appréciation aux tribunaux. Si donc le pupille arrivé à sa majorité se trouvait avoir des revenus suffisants pour pourvoir à son existence, nous ne croyons pas que le tuteur officieux devrait être condamné à lui payer une indemnité, alors même qu'il ne l'aurait pas mis en état de gagner sa vie. La pensée de la loi, selon nous, est que la tutelle officieuse n'ait pas des effets préjudiciables pour le pupille : or cela ne saurait évidemment avoir lieu dans notre hypothèse, puisque le pupille peut, comme on le dit vulgairement, vivre de ses rentes.

Enfin l'art. 370 C. N. dit : « Le tuteur officieux qui aurait eu l'administration de quelques biens pupillaires devra en rendre compte dans tous les cas. » La loi impose donc ici au tuteur officieux la même obligation qu'à un tuteur ordinaire (art. 469). La tutelle officieuse diffère néanmoins en plusieurs points de la tutelle ordinaire. Ainsi : 1º la tutelle ordinaire est une charge publique, *munus publicum*, et ne peut être refusée que dans des cas déterminés par la loi (art. 425) ; la tutelle officieuse au contraire est volontaire. 2º La tutelle ordinaire, en général, ne peut être exercée que par un homme ; au contraire la tutelle officieuse peut être déférée à une femme aussi bien qu'à un homme. 3º Dans la tutelle ordinaire le tuteur n'est pas obligé de nourrir le pupille à ses dépens ; au contraire, cette obligation pèse sur le tuteur officieux par le seul fait de cette tutelle (art. 364). Il n'y a pas besoin non plus dans la tutelle officieuse d'un conseil de famille, ni d'un subrogé tuteur, car les parents du pupille sont là pour veiller sur lui et sur son tuteur. La sollicitude de la loi pour le pupille étant donc à l'abri de tout reproche, de telles nominations n'avaient pas besoin d'être faites.

Nous ferons remarquer, pour terminer ce travail, et avant de passer à l'examen critique de notre législation actuelle en matière d'adoption et de tutelle officieuse, que si, à la tutelle officieuse vient se joindre la tutelle ordinaire, ce sont toutes les règles propres à cette dernière tutelle qui devront être appliquées, parce que la loi n'en dispense pas pour ce cas.

De l'étude que nous venons de faire sur l'adoption et la tutelle officieuse, nous croyons pouvoir émettre le jugement suivant, relativement à notre législation sur cette matière.

Le législateur, en introduisant l'adoption parmi nos institutions, a, selon nous, accompli un acte méritoire, car il a compris tout ce que l'adoption avait d'utile pour une nation, et l'heureuse influence qu'elle pouvait exercer sur la moralité du peuple. Accorder aux citoyens la postérité que la nature leur avait refusée, permettre de réparer jusqu'à un certain point l'injustice du sort envers certaines personnes, favoriser le développement des sentiments purs et généreux qu'éveille l'idée de paternité, permettre à la reconnaissance de pouvoir se manifester d'une manière éclatante, enfin édicter dans nos lois tout un système de bienfaisance qu'on ne saurait qu'approuver, c'était assurément accomplir une œuvre très-salutaire.

Cependant on entend dire chaque jour que l'adoption est une institution inutile, bien plus, qu'elle est dangereuse et même immorale. Parler ainsi, c'est méconnaître l'adoption telle qu'elle est écrite dans nos lois, ce n'est pas distinguer le but qu'elle se propose, ni connaître les règles auxquelles elle est soumise. Il vaudrait mieux dire que l'adoption, tout en étant une institution éminemment utile et rentrant dans nos mœurs, est d'une application très-rare, par suite du grand nombre et de la portée mal définie des conditions et des formalités auxquelles la loi a subordonné son existence. Voilà, selon nous, en quoi l'adoption peut être critiquée.

Mais venir dire que c'est une institution inutile, c'est faire preuve d'une insensibilité qui n'est pas heureusement dans la nature humaine, c'est confondre les résultats pratiques de l'adoption avec le but qu'elle doit atteindre. On prétend aussi qu'elle est dangereuse pour l'organisation des familles au sein desquelles elle peut jeter la désunion, en permettant à l'adoptant de priver de sa fortune ceux de ses parents qui pouvaient avoir sur sa succession de légitimes espérances. Ce reproche n'est pas plus fondé que le précédent : outre que la loi ne permet l'adoption qu'à celui qui n'a pas de descendants légitimes, on doit faire assurément cette concession à la nature humaine, c'est que l'affection d'un homme se reporte généralement plutôt sur ses proches parents que sur les personnes qui lui sont étrangères : le danger que l'on signale n'est donc pas à craindre, puisqu'en l'absence de descendants légitimes, celui qui veut adopter choisit le plus souvent parm les membres de sa famille. Enfin, selon quelques-uns, l'adoption est immorale parce qu'elle peut couvrir des calculs honteux et coupables, et permettre aussi de légitimer des bâtards. Le contrôle sévère de la justice est là pour empêcher la première de ces choses ; quant à la seconde, si l'adoption permet de réparer, jusqu'à un certain point, une faute commise, nous devons dire aussi qu'elle n'a pas pour effet de légitimer des bâtards. La loi accorde bien à l'enfant adoptif certains droits semblables à ceux de l'enfant légitime ; mais, nous l avons vu plus haut, les droits de l'enfant adoptif sont bien moins étendus que ceux d'un enfant légitime, et l'adoption ne fait pas du bâtard un enfant légitime, elle n'en fait qu'un fils adoptif, ce qui est bien différent. D'ailleurs, si l adoption d'un bâtard se présente dans des conditions peu convenables, les tribunaux, en pareille matière, ont un pouvoir souverain d'appréciation et une indépendance absolue dans leurs décisions puisqu'elles n'ont pas besoin d'être motivées. Ce n'est donc pas en se plaçant à ces divers points de vue, que l'on peut critiquer, à bon droit, notre législation en matière d'adoption : la partie défectueuse de notre législation ne se trouve pas dans l'institution de l'adop-tion, mais bien dans la réglementation de cette institution.

Le législateur, qui semble avoir compris ce qu'il y a de généreux dans le cœur humain, aurait dû s'aperce-voir aussi qu'il a une indépendance naturelle dans ses épanchements, et que vouloir les soumettre à des règles trop nombreuses et mal définies, c'était les con-trarier et même les empêcher de se produire. Pour une

institution dont le but était aussi grand, il fallait des
règles claires et précïses, et c'est là ce qu'il n'a pas su
faire. En principe, le législateur aurait dû laisser plus
`de latitude pour l'adoption : il aurait dû faire connaî-
tre d'une manière formelle quelles personnes peuvent
adopter et quelles personnes peuvent être adoptées;
indiquer à partir de quel moment se produiraient les
effets de l'adoption ; définir les effets de l'adoption
relativement à la descendance de l'adopté, et ne pas
poser des règles dont le sens vague et incertain prête à
des interprétations diverses. C'est là le reproche que
l'on peut faire à notre législation sur l'adoption.

Quant à la tutelle officieuse qu'un auteur estimable
appelle un objet de luxe dans notre Code, elle a aussi
un but très-louable ; mais, en examinant les règles auxquelles elle est soumise, on comprend parfaitement
l'abandon dans lequel elle se trouve. La loi n'indique
pas en effet d'une manière précise la portée des effets
de la tutelle officieuse, et les conditions difficiles à
réunir qu'elle exige pour arriver à l'adoption répu-
gnent au sentiment intime de l'individu qui veut adopter. Animé de sentiments dont on ne devrait pas
soupçonner la noblesse et le désintéressement, celui
qui veut adopter, voyant toutes les précautions minu-
tieuses prises par la loi, et ne pouvant, au milieu de
toutes ces règles, apercevoir les véritables effets de
l'adoption, le découragement s'empare de lui et il
renonce à accomplir un acte dont il ne croyait pas que
l'on pût suspecter l'intention : ardente dans ses désirs,
mais prompte au découragement, telle est notre
- nature.

En un mot ce qu'il faudrait en matière d'adoption et de tutelle officieuse, ce sont des règles qui rendraient l'accès de l'adoption plus facile et en détermineraient les effets d'une manière certaine. Des réformes seraient donc à désirer sur les points que nous avons indiqués : notre loi y gagnerait en clarté et en précision, et l'adoption devenant plus facile à obtenir pour les citoyens, on les verrait plus souvent manifester l'expression de ces nobles sentiments qui font la gloire et la grandeur d'un peuple [1].

1. Le cadre dans lequel nous devons restreindre notre travail ne nous permettant pas de faire ici une critique approfondie, nous nous contentons de signaler les principaux points qui prêtent à la critique et sur lesquels, selon nous, des réformes seraient nécessaires.

POSITIONS.

—

DROIT ROMAIN.

I. Dans le Digeste, les lois 3 et 4 *De Adoptionibus* et la loi 2 *De Officio præsidis* peuvent se concilier avec la loi § 4 (*in fine*) *ad senatus-consultum Trebellianum* et la loi 9 *pr. in fine, de Pactis.*

II. Dans le droit antéjustinien, l'adoption de l'esclave n'a pas dû avoir seulement pour effet de l'affranchir : elle a dû valoir aussi comme adoption.

III. On peut concilier la loi 37 § 1 Dig. *De Adopt.*, avec la loi 12 *eod. tit.*

IV. L'adoptant n'acquiert pas, par l'adoption, l'usufruit de la partie du pécule adventice dont était privé le père naturel.

V. La *restitutio* accordée par le préteur aux créanciers de l'adrogé n'est pas une véritable *restitutio in integrum.*

VI. Le fils émancipé, omis dans le testament de son père naturel, cesse de pouvoir demander la possession *contra tabulas*, alors qu'il se donne en adrogation avant d'avoir demandé cette possession.

VII. A la différence du fils naturel, l'enfant adoptif peut, malgré lui, être donné en adoption par son père.

VIII. On peut concilier entre elles la loi 3 § 6 *De minoribus viginti quinque annis* au Digeste et la loi 9, § 4 du même titre.

DROIT FRANÇAIS.

—

CODE NAPOLÉON.

I. Deux époux peuvent être adoptés par la même personne.

II. L'interdit judiciaire ne peut pas adopter même dans un intervalle lucide.

III. L'enfant naturel peut être adopté par son père ou sa mère qui l'a reconnu.

IV. Le prêtre catholique peut adopter.

V. On ne pourrait stipuler valablement, dans un contrat d'adoption, que l'adopté ne prendra pas le nom de l'adoptant.

VI. La dette alimentaire existe entre les descendants légitimes de l'adopté et l'adoptant.

VII. La réserve de l'adopté s'exerce tant sur les biens de l'adoptant donnés antérieurement ou postérieurement à l'adoption, que sur ceux que l'adoptant laisse au jour de son décès.

VIII. L'adoptant a non-seulement le droit de reprendre les biens par lui donnés à l'adopté lorsqu'ils se retrouvent en nature dans la succession de celui-ci, mais aussi le droit d'exercer l'action en reprise qu'avait l'adopté au sujet de ces biens, et de réclamer le prix qui peut en être dû.

IX. L'énumération des cas d'adoption rémunératoire faite dans l'art. 345 C. N. n'est pas limitative.

X. L'adoption écrite dans un testament fait avant

l'expiration des cinq ans depuis l'ouverture de la tutelle officieuse, n'est pas valable.

CODE DE PROCÉDURE.

I. Les délais prescrits, en matière d'adoption, par les art. 354, 357, 359 C. N., doivent être observés à peine de nullité.

II. La demande en nullité d'adoption doit être portée, par action principale et directe, devant le tribunal de première instance du domicile du défendeur.

DROIT COMMERCIAL.

I. Un seul créancier peut demander la résolution du concordat en cas d'inexécution des engagements pris par le failli.

II. Le propriétaire d'un billet de banque qui l'a perdu, peut valablement réclamer de la banque le payement du billet en prouvant qu'il a été détruit par cas fortuit et en offrant en garantie une somme représentative du billet perdu.

DROIT ADMINISTRATIF.

I. L'adoptant et le mari de la femme adoptée ne peuvent en même temps être membres du même conseil municipal : l'art. 11 de la loi du 5 mai 1855 leur est applicable.

II. Le lit des rivières non navigables ni flottables appartient aux riverains.

DROIT CRIMINEL.

I. La loi punit comme parricide le meurtrier de ses père et mère adoptifs.

II. La poursuite dirigée par le ministère public contre la femme adultère, sur la dénonciation de son mari, est éteinte par la mort de ce dernier arrivée pendant l'instance.

Vu par le Président de l'Acte,

Poitiers, 28 février 1870.

C. DE LA MÉNARDIÈRE.

Vu par le Doyen de la Faculté,

FEY. (✻)

Permis d'imprimer :

Pour le Recteur absent,

L'Inspecteur d'Académie délégué,

JOUBIN.

Les visa exigés par les règlements sont une garantie des principes et des opinions relatives à la religion, à l'ordre public et aux bonnes mœurs (Statuts du 9 avril 1825, art. 41), mais non des opinions purement juridiques, dont la responsabilité est laissée aux candidats.

Le candidat répondra en outre aux questions qui lui seront faites sur les autres matières de l'enseignement.

POITIERS. — TYPOGRAPHIE DE HENRI OUDIN.

POITIERS

TYPOGRAPHIE OUDIN.

www.ingramcontent.com/pod-product-compliance
Lightning Source LLC
Chambersburg PA
CBHW070519200326
41519CB00013B/2859